Römisches Reich um 100 v. C
Eroberungen durch Pompeiu
u. a. bis 58 v. Chr.
Borysthenes
Rha
Mare
Caspium
Regnum
Bospori
Dacia
Pontus Euxinus
Sinope
Amisus
Pontus
Heraclea
Nicopolis
Zela
Byzantium
Bithynia
Armenia
Artaxata
Araxes
Macedonia
Apollonia
Cappadocia
Galatia
Tigranocerta
Troia
Phrygia
Cynoscephalae
Pharsalus
Pergamum
Regnum
Parthorum
Nisibis
Asia
Lycaonia
Athenae
Mare
Ephesus
Cilicia
Carrhae
Pisidia
Corinthus
Antiochia
Mesopotamia
Achaea
Lycia
Tigris
Aegaeum
Syria
Palmyra
Ctesiphon
Rhodus
Creta
Babylon
Cyprus
Euphrates
Damascus
Hierosolyma
Cyrene
Alexandria
Aegyptus
Memphis
Nilus

he Reich

Horst Holtermann / Hans Baumgarten

IANUA NOVA

Neubearbeitung

Lehrgang für Latein als 1. oder 2. Fremdsprache

TEIL II

von Heinz Papenhoff und Hans Gappa

V&R

Vandenhoeck & Ruprecht in Göttingen

ISBN 3-525-71395-9

Neudruck 1990

Druck: Hubert & Co., Göttingen.

Inhaltsverzeichnis

Im Anschluß an Lectio XXIX folgt jetzt eine erste Originallektüre. Dabei kann gewählt werden zwischen Caesar (Lectiones XXX a–XXXV a) und Cicero/ Asconius (Lectiones XXX b–XXXV b).

Lectio Prima

A De Caesaris morte

Ante Idus Martias[1] Caesari tam multa et atrocia omina evenerant, ut uxor eius eum oraret, ne eo die ad senatum se conferret. Ultima nocte somnio horribili ita territus est, ut verba uxoris non repudiaret. Nam se supra nubes volare et Iovi manum dare in somnio viderat.
Sed Caesari, cum iis ominibus commotus magno in timore esset, tamen domi manere non licuit. Cum enim iam consedisset, ut epistulam scriberet, unus e coniuratis, D. Brutus, quem Caesar tantopere diligebat, ut eum nomine filii vocaret, apparuit et eum monuit, ut ad senatum veniret. Et Caesar paruit, cum res gravis esse videretur.
Quo cum venisset, coniurati statim, ut constituerant, eum circumsteterunt. Quorum unus eum in terram proiecit. Et Caesar, cum mucronibus[2] peteretur, toga caput abdidit neque ullam vocem edidit nisi: „Tu quoque, mi Brute[3]?"
Tribus et viginti vulneribus affectus diu mortuus iacuit. Tandem tres servi corpus eius domum rettulerunt.

[1] Īdūs Mārtiae: die Iden des März (der 15. März) [2] mucrō, -ōnis m.: Dolch [3] mī Brūte (Vok.): „mein (lieber) Brutus"

Römische Münze, Silberdenar. Vorderseite: Porträt des M. Iunius Brutus. Rückseite: Zwei Dolche, *pileus* (Filzkappe), darunter das Datum von Caesars Ermordung.

B 1. Cum invidia Caesaris magna esset, coniurati corpus eius in Tiberim trahere constituerant. Cum autem magno in timore Antonii consulis essent, eo consilio destiterunt et in Capitolium fugerunt.

2. Cum ictu[1] fulminis[2] ex inscriptione[3] statuae Caesaris Augusti prima nominis littera deleta esset, responsum est centum modo dies eum victurum – eum numerum littera C significari[4] – futurumque, ut inter deos reciperetur, cum „aesar“ – id est reliqua pars e Caesaris nomine – Etrusca lingua deus vocaretur.

[1] ictus, -ūs m.: Einschlag [2] fulmen, -minis n.: Blitz [3] īnscrīptiō, -ōnis f.: Inschrift [4] sīgnificāre: bezeichnen

C

In A und B stehen Gliedsätze, die durch

a) cum *b)* ne *c)* ut

eingeleitet werden. Welche Arten gedanklicher Fügung werden durch die Konjunktive in ihnen ausgedrückt?

D

1. Übersetze und erweitere im Deutschen zu einem vollständigen Satz:
1. cum auxilium ferre non possent 2. ut spem fugae tolleret 3. quid efficere posset 4. cum ea ita sint 5. iis cum persuadere non possent 6. ut paratiores essent 7. id cum a Caesare peteret 8. ut virtute contenderent 9. ut constituerant 10. ne constituerent 11. ut non constituerint.

2. ferre *oder nicht* ferre?
Bestimme die Formen von ferre, *und übersetze die anderen!*
ferre; ferret; ferretur; ferebat; feret; fero; ferimus; fers; fert; fertis; ferte; fer; ferris; fertur; feriis; feras; ferias; feretur; feratur; forte; fore; feram; ferenti; ferentium; lati; lati erunt; ferunt; ferant; fuerant; ferent; ferrent; tuleris; tolleres; tuleras; tolleris; tollaris.

E Quo modo Augustus crudelitatem amici puniverit

Cum Caesar Augustus apud Vedium Pollionem cenaret, unus e servis forte crystallinum[1] fregit. Tum dominus tanta ira commotus est, ut eum servum comprehendi murenisque[2] proici iuberet, quas ingentes in piscina[3] continebat. Servus autem tantopere territus est, ut ad Caesaris pedes fugeret et auxilium ab eo peteret. Cum nihil oraret servus nisi, ut alio modo necaretur neve piscibus[4] ferocibus proiceretur, Augustus amicum propter crudelitatem puniri debere existimavit. Servum manu mitti[5] iussit; tum imperavit, ut omnia crystallina[1], quae in domo amici erant, apportarentur et ante oculos suos statim frangerentur utque piscina[3] terra compleretur.

[1] crystallinum: Kristallgefäß [2] mūrēna: Muräne (aalartiger, schmackhafter Seefisch mit scharfen Zähnen) [3] piscīna: „Fischbecken“ [4] piscis, -is m.: Fisch [5] manū mittere: freilassen

Fußbodenmosaik aus einem Haus in Pompeji, um 150 v.Chr. Verschiedene Meerestiere. In der Mitte Kampf zwischen einem Hummer und einem Tintenfisch.

S **Augustus.** Der als *Augustus* bekanntgewordene römische Herrscher hieß ursprünglich wie sein Vater *C. Octavius*. Er wurde am 23. September 63 v.Chr. geboren. Seine Mutter war eine Tochter von Caesars Schwester Iulia. Caesar förderte seinen Großneffen, und da er kinderlos war, adoptierte er ihn in seinem Testament und setzte ihn als Haupterben ein.
Die Nachricht von Caesars Ermordung am 15. März 44 v.Chr. erreichte Octavius im heutigen Albanien. Unverzüglich reiste er nach Rom, um Caesars Nachfolge anzutreten, noch keine 19 Jahre alt. Von nun an nannte er sich C. Iulius Caesar (bekannt ist er auch unter dem Beinamen *Octavianus*, den er aber selber nie geführt hat). Ohne ein Staatsamt innezuhaben, stellte er aus eigenen Mitteln ein Heer auf, um *Antonius* auszuschalten, der sich in Rom wie ein Nachfolger Caesars aufführte. Als Octavian aber die Möglichkeit zu einer Einigung sah, schloß er mit ihm und *Lepidus* das sog. Zweite Triumvirat „zur Ordnung des Staates". Die Mörder Caesars und ihre Anhänger wurden proskribiert, d.h. für vogelfrei erklärt. Bei Philippi in Griechenland besiegten die Triumvirn die Caesarmörder (42 v.Chr.). Die Sieger teilten sich die Herrschaft: Octavian erhielt den Westen und damit Rom, Antonius den Osten, Lepidus Afrika. Bald brach das Triumvirat auseinander. In der Seeschlacht bei Actium (Westgriechenland) wurden Antonius und die mit ihm

verbündete ägyptische Königin *Kleopatra* 31 v. Chr. besiegt; sie flüchteten nach Ägypten. Antonius stürzte sich in sein Schwert; Kleopatra ließ sich eine Giftschlange in ihr Gefängnis schmuggeln und von ihr beißen, um nicht im Triumphzug durch Rom geführt zu werden.

Als Octavian im Alleinbesitz der Macht war, wandelte er sich zum „Friedensherrscher". Im Jahr 27 v. Chr. verlieh ihm der Senat den Ehrentitel *Augustus* („der Erhabene"). Sein offizieller Titel lautete seitdem *imperator Caesar Augustus.* Außenpolitisch strebte Augustus durch Grenzsicherung eine Festigung des Imperiums an. Innenpolitisch wollte er die *mores maiorum,* die früher üblichen Wertvorstellungen und Sitten, wieder zum Leben erwecken; sie hatten im Jahrhundert der Bürgerkriege ihre Verbindlichkeit verloren. Ebenso bemühte er sich, die römische Religion wieder zu beleben. Er entwikkelte eine reiche Bautätigkeit und rühmte sich, Rom aus einer Ziegelstadt in eine Marmorstadt verwandelt zu haben. Auch die Dichtung entfaltete sich zu hoher Blüte: Vergil, Horaz, Ovid und andere Dichter schufen Meisterwerke der römischen Literatur. Das bekannteste Ereignis seiner Regierungszeit ist die Geburt Jesu Christi.

Am 19. August 14 n. Chr. starb Augustus in Nola in Kampanien.

Lectio Secunda

A Horatius poeta servatur

Horatius poeta aliquando Via Sacra per forum Romanum **i**bat, cum vir, qui poetae nomine tantum notus erat, accurrit clamavitque: „O, quid agis, mi amice[1]? Unde venis? Quo is?" Horatius: „Ad amicum non tibi notum **e**o. Is in extrema urbis parte habitat." Sed vir alienus quaerere non desiit: „Cur non imus una? Una eamus! Tecum ibo. Mihi quoque iter eo est." Tum una eunt.

Cum per forum irent, vir alienus verba multa et stulta faciebat. Horatius verba eius hominis ita moleste ferebat, ut taceret. Sed quamquam modo celeriter ire, modo consistere studuit, garrulum[2] effugere non potuit.

Tandem poeta servatus est. Nam obviam iit homo, qui garrulo[2] inimicus erat, et postulavit, ut secum in iudicium iret. „Ecce", clamavit, „video te, qui in ius vocatus[3] tamen non iisti (isti) ad iudicium! I mecum ad praetorem! Postulo, ut statim eas." Deinde abierunt. Sic Horatius servatus est.

[1] mī amīce (Vok.): „mein (lieber) Freund" [2] garrulus: Schwätzer [3] in iūs vocāre: „vor Gericht laden"

B 1. Nos libenter eo imus, quo vos itis. 2. Sic transit gloria mundi. 3. Hora, quae praeteriit, redire non potest. 4. Quintus cum amico certamen iniit de brevitate epistulae: „Nemo epistulam tam brevem scribere potest quam ego.“ Atque feriis amico nuntiavit: „Eo rus.“ Amicus respondit: „I!“

C –

D *1.* ire *oder* is, ea, id?
Übersetze: ire; iret; ibat; iit; it; id; i; ii; ei; imus; iimus; eunt; eant; eam; eum; eos; eas; irem; issem; isse; esse; ibis; ibi; ite; itis; istis; eo; is; iis; isti; ierunt; ierant; ierint; iero; ierim.

2. adesse? adire? addere?
Unterscheide und bestimme: adite; adii; adi; addi; addidi; addis; adis; ades; adires; adderes; adesses; adisses; addidisses.

3. Substantive auf -ia/ -itia *sind von Adjektiven oder Substantiven abgeleitet. Sie sind Begriffe (Abstrakta) und nennen eine Eigenschaft:*
iustus: *gerecht* – iustitia: *Gerechtigkeit.*
Erkläre ebenso: amicitia; audacia; prudentia; pueritia; sapientia.

E De Aristide

Athenienses, cum Persas vicissent, totam per Graeciam magno in honore erant. Ducibus autem rei publicae cives gratiam saepe non habebant, sed multos viros potentes tantopere timebant, ut eos in exilium ire cogerent – ut Aristidem, cui propter summam iustitiam cognomen erat Iusti.

Óstraka, Tonscherben. Auf der linken eingeritzt der Name *Aristides,* (Sohn) des *Lysimachos.*

Cum controversiae erant inter populi duces atque concordiae civium periculum imminebat, totus populus in forum vocabatur. Suffragium sic ferebatur[1]: Unusquisque[2] nomen viri, quem in exilium mittere cupiebat, in testa[3] inscribebat. Tum cunctae testae[3] colligebantur, nomen viri damnati pronuntiabatur; vir damnatus in exilium abire debebat.

Die constituto multi viri tota ex Attica in forum eunt. Audiuntur voces variae: „Unde venitis? Quo itis? Qua in re occupati estis?“ – „E vico venimus, in forum imus, ut suffragium feramus[1].“ – „Certe iam mane e vico existis?“ – „Ita est. Mane exiimus.“ – „Ite nobiscum!“

Forte etiam Aristides praeterit. Unus ex agricolis, qui scribere non potest, Aristidem animadvertit et adit: „Isne tu quoque in forum, amice?“ – „Eo“, respondet populi dux, qui ab agricola non cognoscitur. Agricola: „Inscribe in testa[3] mea nomen Aristidis!“ – Interrogatus ab Aristide: „Num Aristidem in exilium ire cupis? Quid tibi fecit mali?“ agricola „Minime“, inquit, „existimo Aristidem hominem malum esse, cum ne notus quidem mihi sit. Sed semper Aristidem ‚iustum‘ esse audio. Moleste fero nomen Iusti.“

Aristides, cum nomen suum inscripsisset, testam[3] agricolae reddidit. Tam plenus doloris erat, ut domum rediret.

[1] suffrāgium ferre: wählen; abstimmen [2] ūnusquisque: ein jeder [3] testa: Scherbe

S Demokratie, Ostrakismos. Das antike Griechenland, *Hellas* (wie die Griechen ihr Land noch heute nennen), war kein einheitlicher, von einer Hauptstadt aus regierter Staat. Die *Hellenen* lebten in einer Vielzahl von einzelnen Gemeinden und Städten. Die meisten davon waren autonom, das heißt, sie regierten sich selbst. Das griechische Wort *pólis* bezeichnet eine solche selbständige Stadt. „Politik“ ist demnach ursprünglich die Fähigkeit, das Leben in einer *pólis* mitzugestalten.

Athen war ein solcher Stadtstaat. Nachdem die Athener lange von Königen und Alleinherrschern, die sich „Tyrannen“ nannten, regiert worden waren, entschlossen sie sich, die Regierung der Stadt in ihre eigenen Hände zu nehmen. Alle Bürger versammelten sich, sooft es nötig war, auf dem Markt, debattierten über Politik, wählten Beamte und stimmten über Gesetze ab. Die Athener nannten diese Staatsform *demokratía,* Herrschaft des Volkes. Die Bürger einer Demokratie wachten darüber, daß ihre Freiheit und Selbstbestimmung erhalten blieben. Niemand war ihnen verhaßter als ein Politiker, der in den Verdacht geriet, nach Alleinherrschaft zu streben.

So erklärt sich auch das Verfahren, das fälschlicherweise „Scherben*gericht*“ genannt wird. Es war nämlich keine Verurteilung wegen einer begangenen Untat, sondern eine vorbeugende Maßnahme, die einen allzu mächtigen Politiker zwang, eine Zeitlang die Stadt zu verlassen und im Exil zu leben. Nach unseren Rechtsbegriffen ist es Unrecht, jemanden wegen einer Tat zu verurteilen, die er möglicherweise später einmal begehen könnte. Den Athenern aber waren der Friede in der Stadt und die Freiheit der Bürger wichtiger. Sie versammelten sich auf dem Marktplatz; jeder brachte eine Tonscherbe (griech. *óstrakon*) mit, wie sie von zerbrochenen Krügen überall umherlagen, kratzte einen Namen darauf und gab die Scherbe dem leitenden Beamten. Wenn über 6000 Bürger – etwa die Zweidrittelmehrheit – beim *ostrakismós* für die Verurteilung zum Exil gestimmt hatten, mußte der Betroffene die Stadt für zehn Jahre verlassen. Er behielt jedoch seine Bürgerrechte und sein Vermögen, und da das „Ausland" schon in der nächsten Nachbarstadt begann, konnte er meist in Griechenland bleiben. Er hatte freilich keine Möglichkeit mehr, in die Politik seiner Heimatstadt einzugreifen.

Lectio Tertia

A Fur cupidissimus comprehenditur

Fures noctu clam in domos villasque invadere et res pretiosas[1] rapere solent. Bona divitum diripere et praedam magnam facere iis iucundissimum est.

Aliquando fur rapie**ndi** peritus in domum divitis praedam faciendi causa noctu invasit et eam plenam divitiarum invenit. Cum totam praedam auferre non posset, eligendo res pretiosissimas[1] pondus[2] praedae minuere studuit. Sed cupiditate colligendi et studio eligendi tantum temporis consumpsit, ut dies adesset, priusquam evaserat. Tum servi, quos gallus saepe canendo e somno excitaverat, furem in eligendo invenerunt comprehenderuntque. Et postquam unus e servis ad puniendum furem virgas apportavit, valde eum verberaverunt et in vincula coniecerunt. Postremo capitis damnatus et necatus est.

[1] pretiōsus: wertvoll [2] pondus, -deris n.: Gewicht

B Augustinus de pueritia sua narrat

In scholam datus sum ad discendum litteras. Sed quid in iis utilitatis esset, ignorabam. Et tamen, si piger in discendo eram, verberabar. Parentes nostri videbant, quibus doloribus pueri a magistris afficeremur. Nos autem eos metuebamus et peccabamus[1] tamen minus[2] scribendo aut legendo, quam a nobis postulabatur. Non deerat memoria vel ingenium, sed delectabat ludere. Itaque peccabam[1] faciendo contra verba parentum et magistrorum.

[1] peccāre: sündigen [2] minus: weniger

C

1. Zeichne das Satzbild der ersten beiden Sätze von A sowie des ersten und des letzten Satzes von B unter Verwendung der Satzgliedsymbole!

2. Ermittle in A die Kasusfunktionen der nd-Formen!

3. Wenn mehrere aufeinanderfolgende Wörter mit dem gleichen Laut beginnen, nennt man das Alliteration.
Stelle aus A solche Wortfolgen zusammen! Welche Wirkung haben solche Folgen?

4. In Zeile 1 von B sind die zusammengehörigen Wörter ‚quid ... utilitatis‘ *durch den Einschub von* ‚in iis‘ *getrennt. Man nennt das Sperrung oder Hyperbaton. Überlege, wie diese Sperrung wirkt!*
Ermittle Sperrungen (Hyperbata) in Lectio I B 2, und erläutere sie!

D *Bestimme den Kasus der nd-Form, und übersetze entsprechend der Begleitgrammatik:* 1. videndo 2. audiendi cupidus 3. eam rem narrandi causa 4. in quaerendo 5. paratus ad oppugnandum 6. spes transeundi 7. navigandi peritus 8. spatium hastas coniciendi 9. studium pugnandi 10. homines rapiendi cupidi 11. accurrendo 12. diu orando 13. saepe laborando 14. frustra quaerendo 15. multa legendo.

E De Papirio Praetextato

Aliquando Papirius senator cum filio praetextato[1] in curiam ierat, ut puer videndo et audiendo disceret, quo modo res publica administraretur. Hora vespertina ea res, de qua agebatur, in diem posterum dilata est placuitque, ne proderetur, priusquam decreta esset.
Cum puer domum venisset, mater audiendi cupida eum interrogavit, quid patres in senatu egissent; puer autem respondit id dicere sibi non licere. Mater audiendi cupidior summo studio interrogabat. Tum puer, ne rem proderet, actum esse in senatu dixit, utrum unum virum duas uxores an unam feminam duos maritos habere utilius esse videretur.
Quod cum mater audivisset, statim ad alias feminas eam rem narrandi causa cucurrit. Postridie multae mulieres intercedendi[2] causa ad curiam venerunt clamando postulantes, ut potius una duos viros haberet quam unus duas uxores. Cum senatores nescirent, cur mulieres id postularent, Papirius puer rem, sicut fuerat, narravit. Senatores ridentes fidem atque ingenium pueri laudaverunt; sed consultum fecerunt, ne postea pueri cum patribus discendi causa in senatum venirent. Papirio autem puero id permiserunt et cognomen „Praetextati[1]“ dederunt propter tacendi fingendique prudentiam in aetate praetextati[1].

[1] praetextātus: die purpurumsäumte Toga tragend [2] intercēdere: protestieren

S **Schule.** Die Römer hatten neben dem griechischen Wort *schola* (eigentl.: Muße) auch einen lateinischen Ausdruck für Schule: *ludus*. Jungen und Mädchen ab sieben Jahren besuchten gemeinsam den *ludus litterarius*. Sie wurden vom *magister ludi*, dem Lehrer für Lesen und Schreiben, unterrichtet und lernten auch Rechnen. Der *ludus litterarius* entspricht somit unserer Grundschule. „Grundschulen" auf dem Forum Romanum werden schon für das 4. Jahrh. v. Chr. erwähnt. Es gab in Rom jedoch kein staatliches Schulwesen und auch keine Schulpflicht. Lehrer waren Privatpersonen, die gegen Schulgeld die Kinder unterrichteten. Der Unterricht fand meist in einem einfachen Raum statt, den sich der Lehrer gemietet hatte; oft war es nur eine Art überdachter Veranda. Reiche Eltern ließen ihre Kinder zu Hause von einem Privatlehrer, meist einem gebildeten Sklaven, erziehen.

Schulbücher in unserem Sinne hatten die Kinder nicht, und anstelle von Heften verwendeten sie mit einer Wachsschicht überzogene Holztäfelchen. Die Schüler schrieben nach einer Vorlage oder nach Diktat und lernten viel auswendig. Prügel und Strafarbeiten waren häufig.

Die etwa Zwölfjährigen wurden von Eltern, die ihre Kinder noch weiter ausbilden lassen wollten und das bezahlen konnten, in die Schule des *grammaticus* geschickt. Hier lernten sie als Fremdsprache Griechisch und lasen Texte griechischer und lateinischer Schriftsteller und Dichter. Nach ihrem Vorbild lernten die Kinder, selber gutes Latein zu schreiben und zu sprechen.

Jungen aus vornehmen Familien, die auf eine Laufbahn im Staatsdienst oder im Gerichtswesen vorbereitet werden sollten, besuchten dann mit etwa 16 Jahren den Unterricht, den der *rhetor* gab. Bei ihm lernten sie, in freier Rede zu sprechen und „Pro und Contra" zu argumentieren, damit sie später in der Volksversammlung, im Senat oder vor Gericht andere überzeugen und beeinflussen konnten. Wohlhabende Eltern ermöglichten ihren Söhnen zusätzlich ein Auslandsstudium. Athen und Rhodos in Griechenland waren bekannte Universitätsstädte, in denen man bei berühmten Professoren griechische Philosophie und Redekunst studierte.

Mädchen erhielten selten eine Schulbildung, die über Lesen, Schreiben, Rechnen und Musikunterricht hinausging.

Unterricht beim *grammaticus*. Grabrelief aus Neumagen.

Lectio Quarta

A Quo modo Romani Numantiam oppugnaverint

Celtiberi, qui media in Hispania habitabant, se Romanis subicere parati non erant. In urbem Numantiam bene munitam se receperunt, ut libertatem suam defenderent.
Paulo post Romani magno cum exercitu ad oppugnandum urbem venerunt. Castra ponendo, turres aedificando, aggerem[1] petendo se ad urbem oppugnandam paraverunt. Cum omne opus perfectum esset, Romani ad oppugnandam urbem parati erant. Sed diu frustra muros urbis conscendere contenderunt. Itaque urbem muro alto circumdederunt, ut Numantinos fame ad dedendam urbem cogerent.
Secundo anno, cum Numantinis iam omne frumentum consumptum erat, quodam die mane incolae clamore magno e somno excitati sunt. Nonnulli custodes murorum per vias currentes magna voce clamabant: „Surgite, Numantini! Periculum maximum est, ne Romani urbem expugnent. Portis erumpamus, Romanos opprimamus, opera munitionesque eorum deleamus!“ Imperator enim Romanorum prima luce signum impetus faciendi dederat. Iam primi Romanorum fossae[2] aggere[1] complendae causa procedebant, iam alii in turribus ad murum admovendis occupati erant, cum Numantini portis eruperunt. Tum imperator signum proelii committendi dedit. Tandem Numantini, cum multa vulnera in pugnando accepissent, fugerunt. Sed Romani non multis potestatem sui in urbem recipiendi dederunt. Tandem Numantini spe libertatis servandae deiecti nuntios de condicionibus dedendae urbis ad Romanos miserunt.

[1] agger, aggeris m.: Dammerde [2] fossa: Graben

B De gladiatoribus

Gladiatores, ubi arenam intraverunt, primo Caesarem imperatorem salutabant clamantes: „Ave[1], Caesar, morituri[2] te salutant!“ Deinde, postquam tuba signum pugnae committendae datum est, ad pugnandum consistebant vulnerandi et caedendi cupidissimi. In pugnando alter alteri[3] non parcebat. Is, qui victus vulneratusque in arena iacebat, manibus extendendis clementiam imperatoris implorabat. Si bene pugnando laudem meruerat, imperator clemens erat. Sin ignavia odium populi in se verterat, imperator pollice[4] vertendo eum necari iubebat.

[1] avē: sei gegrüßt [2] moritūrus: todgeweiht [3] alterī: Dat. Sg. zu alter [4] pollex, -licis m.: Daumen

C –

D *1. Übersetze:* 1. ad bellum conficiendum 2. ad urbem oppugnandam 3. multos Romanos vulnerando 4. exercitu Romano vincendo 5. ad eas res conficiendas 6. sui liberandi causa 7. in petenda pace 8. de flumine transeundo 9. in quaerendis suis 10. sui colligendi potestatem 11. ad bellum gerendum 12. ad consilia capienda 13. proelii committendi signum 14. potestatem rei bene gerendae 15. cupiditas belli gerendi.

2. Auch Substantive auf -tas *sind Begriffe (Abstrakta) und nennen eine Eigenschaft (vgl. Lectio II D 3):*
potens: *mächtig* – potestas: *1. Macht; Amtsgewalt 2. Möglichkeit.*
Erkläre ebenso: brevitas; cupiditas; utilitas; libertas.

E De Spartaco

Anno a. Chr. n. septuagesimo tertio ad Capuam gladiatores sui liberandi causa seditionem fecerunt; Spartacum Thracem, virum magni ingenii magnique roboris, ducem creaverunt. Is Romanis iterum iterumque vincendis brevi tempore tantum sibi fecit nomen, ut multa milia servorum tota ex Italia spe libertatis recuperandae ad gladiatores convenirent exercitumque Spartaci augerent.
Spartacus bellum contra Romanos coeperat eo consilio, ut gladiatores in patrias eorum reduceret. Sed cum iam ad Alpes venissent, persuadere suis non potuit, ut partim in Gallias, partim in Graeciam iter facerent. Itaque exercitum in Italiam reduxit.
Eo tempore senatus, qui magno in timore erat, ne Spartacus ad urbem oppugnandam veniret, M. Crassum ad bellum conficiendum misit. Is prope hostes castra posuit atque munivit. Cum gladiatores quidam in milites, qui in castris muniendis occupati erant, impetum facerent, Crassus celeriter aciem instruxit. Tum Spartacus quoque aciem instruxit, equum suum gladio interfecit dixitque: „Si vincemus, multos et bonos habebo equos; sin vincemur, equus mihi non proderit.“ Tum multos Romanos vulnerando necandoque Crassum petivit, ut eo interficiendo victoriam pareret. Sed milites Romani summis viribus Crassum defenderunt; Spartacus duos centuriones[1], qui eum repellebant, interfecit; tandem, cum sui iam fugissent, a multis militibus circumventus et pugnans necatus est.

[1] centuriō, -ōnis m.: Centurio; Hauptmann

S **Ludi (I): Gladiatoren, Tierhetzen.** Ein blutiges Kapitel des römischen Lebens waren die Gladiatorenspiele. Mit einem Schwert (*gladius*) bewaffnete Männer, *Gladiatoren,* kämpften ursprünglich zur Versöhnung der Geister von Verstorbenen, später nur zur Unterhaltung der Zuschauer in einer Arena auf Leben und Tod gegeneinander. Ein Schiedsrichter stand neben den Kämpfern und trieb sie mit Peitschenhieben an. Wurde einer der beiden Männer so schwer verletzt, daß er nicht mehr weiterkämpfen konnte, streckte er die Hände aus und gab den Kampf auf. Jetzt entschied das Publikum, ob er am Leben bleiben durfte oder ob ihm der Sieger den Todesstoß versetzen sollte. War der Besiegte ein Publikumsliebling oder hatte er sich besonders tapfer gewehrt, dann hob die Menschenmenge den Daumen nach oben: Sie schenkte ihm das Leben. Drehte sie den Daumen nach unten, so bedeutete das ein Todesurteil für den Verlierer. Später lag die Entscheidung über Leben und Tod allein beim Kaiser.

Kampf zwischen zwei unterschiedlich bewaffneten Gladiatoren, im Hintergrund ein Schiedsrichter. Bildfeld vom Fußbodenmosaik aus der Villa von Nennig (bei Trier), 3. Jahrh. n. Chr.

Besonders interessant fand das Publikum den Kampf unterschiedlich bewaffneter Gladiatoren. So ließ man z. B. einen Gladiator in voller Soldatenrüstung gegen einen anderen kämpfen, der nur mit einem Fangnetz und einem dreizackigen Spieß bewaffnet war (*retiarius*). Ebenfalls beliebt waren Kämpfe von Gladiatoren gegen Löwen, Tiger und Bären. Es kam auch vor, daß man Tiere in der Arena gegeneinander hetzte. Große Gladiatorenfirmen schickten eigene Jagdtrupps nach Afrika und Asien, um den Nachschub an seltenen Tieren zu sichern.
Gladiatoren waren meist Sklaven, die vom Eigentümer einer Gladiatorentruppe gekauft und in Kasernen für ihr Auftreten in der Arena trainiert wurden. Zum Tode verurteilte Verbrecher wurden ebenfalls oft in die Arena geschickt. Zum Teil bestanden die Gladiatorentruppen aber auch aus freien Römern, Abenteurern, die ihr Leben riskierten, um reich oder berühmt zu werden. Christen galten in Rom lange Zeit als Staatsfeinde, weil sie den Kaiser nicht als Gott verehren wollten. Viele von ihnen, darunter Frauen und Kinder, starben als Märtyrer (*martyrium* – Blutzeugnis für den Glauben) bei Tierhetzen in der Arena.

Lectio Quinta

A Non modo gladiatores, sed etiam spectatores inter se pugnant

Multa milia hominum in circis et amphitheatris[1] imperii Romani vitam amisisse traditur. Non modo gladiatores inter se, sed etiam homines contra bestias pugnavisse scimus. Gaudium spectantium maximum fuisse constat. Spectatores saepe magno studio gladiatoribus favisse notum est.

Quo modo Pompeiani Nucerinique propter gladiatores caedem atrocem fecerint, Tacitus narrat: Cum retiarius[2] secutorque[3] arenam intravissent, Pompeiani retiario[2], qui multas iam victorias pepererat, Nucerini autem secutori[3], qui retiarium[2] magnitudine viribusque longe superabat, favebant. Nemini erat dubium, quin uterque gladiator summa vi pugnaret.

Nucerini secutori[3] imperant, ut retiarium[2] gladio petat; et interfecisset retiarium[2] scuto tridentem[4] eius a corpore arcens, nisi is reticulum[5] supra caput secutoris[3] iecisset eumque in arenam proiecisset. Pompeiani gaudent et plaudunt; postulant, ut retiarius[2] adversarium necet. Nucerini autem irati Pompeianis maledicunt[6] lapidibusque iaciendis retiarium[2] impediunt, ne secutorem[3] interficiat. Tum Pompeiani impetum in Nucerinos faciunt, ut eos e theatro expellant. Nemo iam spectat, quid gladiatores faciant.

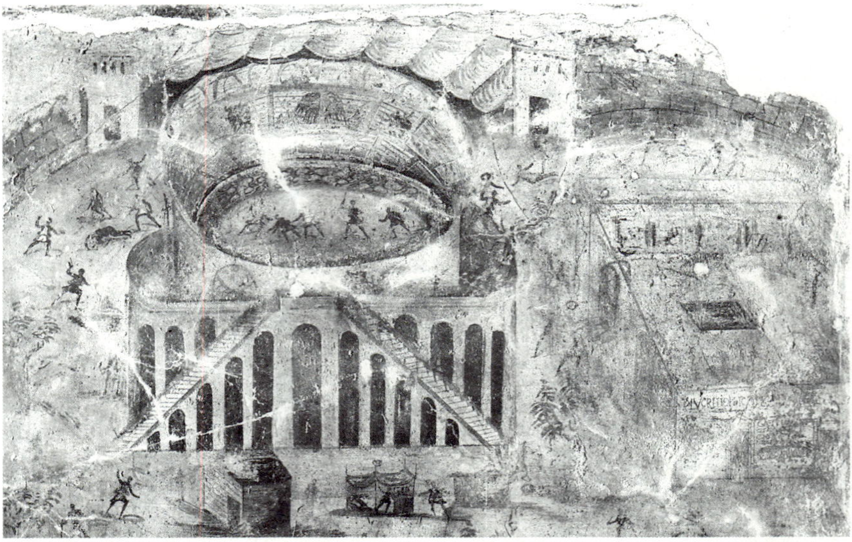

Wandmalerei aus Pompeji. Dargestellt ist die Prügelei zwischen Pompejanern und Einwohnern von Nuceria im Amphitheater von Pompeji.

Ante theatrum pugna renovatur; primo saxis, deinde pugnis[7], postremo ferro res geritur. Tandem Pompeiani superiores sunt. Multi homines, et Pompeiani et Nucerini, vulnerati aut mortui ante theatrum iacent. Multi e Nucerinis vulnerati Romam deportati sunt, ut causam dicerent. Pompeianis, ne in decem annos spectacula ederent, imperatum est; qui seditionem incitaverant, exilio puniti sunt.

[1] amphitheātrum: Amphitheater [2] rētiārius: Netzkämpfer [3] secūtor, -ōris m.: Verfolger [4] tridēns, -dentis m.: Dreizack [5] rēticulum: Netz [6] maledīcere (m. Dat.): beschimpfen [7] pūgnus: Faust

B –

C *1. Ermittle, welches Satzglied in A*

a) die aci-Blöcke

b) die durch ut *und* ne *eingeleiteten Gliedsätze*

c) die Relativsätze und die abhängigen Fragesätze

darstellen!

2. Stelle zusammen, welche in A vorkommenden Gliedsatzarten

a) als Subjekt

b) als Objekt

c) als adverbiale Bestimmung auftreten!

D –

E De Androclo (I)

Lucius amico salutem dicit. Rem incredibilem tibi hodie narrabo, quam heri, cum in Circo Maximo essem, meis oculis vidi:
Iam saevissimae bestiae, quae omnibus e regionibus imperii iussu Caesaris Romam apportatae erant, in arenam actae erant, cum subito leo ingens magna voce clamans intravit mediaque in arena consedit. Inter omnes spectatores constabat eum leonem ceteras bestias robore corporis longe superare. Cum admiratione commoti quaererent, quis tantae bestiae resistere posset, in arenam ducti sunt homines miseri, qui ad bestias damnati erant, et timidi in ultimas circi partes sui servandi causa fugerunt. Subito accidit, ut is leo ingens, qui media in arena consederat, damnatorum cuidam appropinquaret. Nemini erat dubium, quin infelicem statim interficeret. Leo autem corpori eius se admovens manus hominis lambit[1].
Paene se iam mortuum esse homo infelix credebat. Nonnulli spectatores leonem incitabant, ut hominem invaderet; alii autem eos tacere iusserunt; denique omnes taciti atque attenti spectabant, quid in arena gereretur. Tandem homo miser quasi e somno excitatus oculos ad leonem vertit. Paulatim timor gaudio cessit, et postremo laetus, tamquam leonem cognosceret, bestiae bracchia[2] circumdedit. Tum Caesar eum ad se vocari iussit quaesivitque ex eo, cur ferocissimus leo ei pepercisset.
Quid is homo Caesari narraverit, altera epistula tibi narrabo. Vale!

[1] lambō, lambī, lambitum, lambere: lecken [2] bracchium: Arm

S **Ludi (II): Amphitheater, Seeschlachten.** Während Wagenrennen in der langgestreckten Rennbahn eines *circus* stattfanden, kämpften Gladiatoren im *amphitheatrum.* Das Amphitheater hatte die Form eines Ovals; die Zuschauer saßen in rings um die Arena aufsteigenden Sitzreihen, ähnlich wie in einem großen Fußballstadion von heute. Nahezu jede größere Stadt im *imperium Romanum* hatte ein eigenes Amphitheater. Eines der am besten erhaltenen ist das von Verona in Italien; es wird noch heute zu Veranstaltungen benutzt.
Das größte Amphitheater im Römischen Reich war das *amphitheatrum Flavium* in Rom, auch *Colosseum* genannt. Der Kaiser *T. Flavius Vespasianus* ließ es im 1. Jahrh. n. Chr. nach seinem Sieg über die Juden von Kriegsgefangenen neben dem *forum Romanum* bauen. Das Colosseum faßte mehr als 50000 Zuschauer. Obwohl heute über die Hälfte des Bauwerkes abgetragen ist – es wurde jahrhundertelang als Steinbruch benutzt –, beeindruckt es immer noch durch seine Größe. Unter der Arena und unter den Zuschauerrängen befanden sich Kellerräume, in denen auch die wilden Tiere eingesperrt

Das Colosseum in Rom.

waren. Mit einer Hebemechanik, einer Art Fahrstuhl, konnten sie schnell in die Arena befördert werden. Bei Tierkämpfen wurde die Arena in eine Landschaft mit kleinen Hügeln, Höhlen und Gebüsch verwandelt. Daraus sprangen Löwen oder Tiger plötzlich auf die Gladiatoren los.
Um die Sucht der Römer nach immer neuen Sensationen zu befriedigen, mußten sich die Veranstalter der Spiele immer wieder etwas Neues einfallen lassen und immer mehr Geld dafür aufwenden. Man konnte z. B. die Arena in ein Wasserbecken umbauen, worin kleine, flache Schiffe schwammen, die mit Gladiatoren besetzt waren. Die Zuschauer bekamen dann eine blutige Seeschlacht, *naumachia* genannt, vorgeführt.
Im 5. Jahrh. n. Chr. wurden die Gladiatorenspiele von den christlichen Kaisern verboten.

Lectio Sexta

A De Caesare et Catone

Anno a. Chr. n. sexagesimo tertio Catilina, senator Romanus, contra rem publicam coniuravit. Cicero consul eam coniurationem detexit atque postulavit, ut coniurati punirentur.
Eo tempore Romae duo viri maxima virtute vivebant: M. Porcius Cato et C. Iulius Caesar. Quibus erat genus praeclarum atque ingenium acerrimum; moribus autem diversi erant. Nam Caesar propter dona mirabilia a civibus magnus habebatur, Cato propter iustitiam. Hic modestia[1], ille liberalitate[2] nomen sibi paraverat. Huic mores severi, illi clementia gloriae erat. Hunc senes, illum iuvenes praedicabant[3]. Illius enim facilitas[4], huius constantia laudabatur. In illo hominibus miseris perfugium[5] erat, in hoc malis pernicies.
Haec et alia de illis viris inveniuntur in illo libro C. Sallusti, qui inscribitur „Bellum Catilinae". Hoc opus etiam nostra aetate legitur.
Cum Cicero illud periculum magnum, quod rei publicae imminebat, senatoribus aperuisset, et Caesar et Cato mores suos retinuerunt. Nam ille socios Catilinae defendit his verbis: „Hi viri, quamquam una cum illo Catilina consilium urbis vastandae et rei publicae delendae inierunt, tamen cives Romani sunt. Utinam ne hos cives sine iudicio caederetis!" Sed Cato: „Verba ista timore me afficiunt. Tu enim, Caesar, dum postulas, ut etiam in cives malos clementes simus, illam curam, quae hanc civitatem oppressit, auges. Nisi enim isti homines morte punientur, res publica nostra isto modo vexata in perniciem incidet."
Postquam Catilina ex urbe se recepit, socii illius hominis iniusti uno die damnati et necati sunt. Cuncta haec nobis tradita sunt etiam orationibus Ciceronis.

[1] modestia: Bescheidenheit [2] līberālitās, -ātis f.: Freigebigkeit [3] praedicāre: rühmen [4] facilitās, -ātis f.: Wendigkeit [5] perfugium: Zuflucht

B –

C

1. *Stelle die in A vorkommenden Formen der Pronomina* hic, iste *und* ille *zu Deklinationstabellen zusammen! Versuche, die fehlenden Formen zu ergänzen!*

2. *Überlege,*
   a) *auf wen bzw. worauf durch die Pronomina* hic, iste *und* ille *in A verwiesen wird;*
   b) *welchen Personen der Konjugationstabelle jedes der drei Pronomina zugeordnet werden kann!*

3. *Stelle aus A, Zeilen 6–12, Antithesen und Asyndeta zusammen! Erläutere ihre inhaltliche Wirkung!*

D 1. *Verbinde jeweils ein Pronomen mit einem passenden Substantiv und übersetze:*
hoc; haec (2 ×); hae; huic; hic; hunc; hanc; huius; cuius; eius; his; illud; illorum; illius; illi (2 ×); istud
und
coniurationi; coniuratorum; consilia; constantiam; deo; doni; epistulae; filius; genus; hominibus; librum; mores; orationis; spectaculum; viri; viro; virtus; vulnus.

2. is, iste *oder* ire?
Bestimme: iis; is; īs; eo; ei; ii; eā; ea; id; it; eum; eunt; eam; īstī; istī; istīs; īstis; itis; istius; istud; iste; iistis.

3. *Unterscheide:*
   1. ei dei; eius dei; eo deo; ei deo.
   2. huius diei; huic diei; hoc die; hi dies; hos dies; hic dies.

E De Androclo (II)

Lucius Marco amico s. d. Prima epistula tibi narravi, quo modo ille homo miser in circo a leone servatus esset. Quid Caesari de illo leone narraverit, nunc tibi scribam. Tota urbs huius fabulae plena est; avunculus meus eam in balneis audivit.

Ille homo miser „Nomen“, inquit, „mihi est Androclus. Servus sum istius senatoris, qui post te sedet. Cum iste provinciam Africam administraret, ego iniquis eius verberibus cottidie vexatus in solitudinem fugi eo consilio, ut, si defuisset cibus, mortem quaererem. Meridie, cum calore fatigatus essem, speluncam[1] inveni et in eam me abdidi. Neque multo post ad illam speluncam[1] venit hic leo claudicans[2] et signa doloris edens. Primo huius leonis conspectu territus in ultimam speluncae[1] partem fugi. Hic autem paulatim accedens pedem quasi auxilii petendi causa ostendit. Et inveni in eo pede stirpem[3] ingentem extraxique; deinde vulnus iam sine timore purgavi. Tum leo illo meo auxilio sanatus pedem in manibus meis posuit dormivitque; atque ex eo die tres annos ego et hic leo in ea spelunca[1] viximus. Partem praedae suae cottidie mihi afferebat, quam, cum ignem non haberem, sole tostam[4] edebam.

Aliquando autem vita illa non iam mihi placuit, et cum leo abesset, speluncam[1] reliqui. Utinam illo loco mansissem! Tertio enim die a militibus comprehensus ex Africa Romam ad istum meum dominum deportatus sum; qui statim curavit, ut ad bestias damnarer. Hunc quoque leonem eo tempore captum esse et nunc mihi gratiam rettulisse existimo."

Quod cum Caesar audivisset, eum manu mitti[5], leonem ei donari iussit. Spero te mox scripturum, placueritne haec tibi fabula. Cura, ut valeas!

[1] spēlunca: Höhle [2] claudicāre: hinken [3] stirps, stirpis f.: Holzsplitter [4] sōle tōstus: „von der Sonne gedörrt" [5] manū mittere: freilassen

Der Löwe mit dem Sklaven (Androklos?). Bildfeld vom Fußbodenmosaik aus der Villa von Nennig (bei Trier), 3. Jahrh. n. Chr.

Lectio Septima

A I 1. Multis navibus mercatores portum reliquerunt.

2. Multis navibus amissis mercatores magnis cum periculis in portum redierunt.

3. Multis navibus amissis mercatores tamen de rebus suis non desperaverunt.

4. Sed uxoribus liberisque dolentibus portum rursus reliquerunt.

A II De Hannibale iuvene

Hannibale iuvene ab Hasdrubale in Hispaniam vocato, ut ibi officium praetoris susciperet, ea res etiam in senatu Carthaginiensium acta est. Altera factione[1] postulante, ut Hannibal parendo atque imperando militiae consuesceret, Hanno, alterius factionis[1] princeps, „Aequum postulare videtur", inquit, „Hasdrubal; sed ego tamen id, quod petit, ei tribui posse non censeo." Quibus verbis dictis Hannibal tamen in Hispaniam missus est.

[1] factiō, -ōnis f.: Partei

B De quodam, qui equum emit

Quidam equum emens a venditore[1] quaesivit, valeretne equus. Venditore[1] valere respondente quaesivit, cur venderet. Ille respondit: „Quod nimis edit." Emptore[2] de aliis vitiis[3] quaerente venditor[1] respondit: „Arbores non ascendit."

Emptore[2] domum redeunte equus omnes mordebat[4]. Tum dixit: „Verum est equum nimis edere." Deinde veniens ligneum ad pontem equum incitare non potuit, ut transiret; tum cognovit equum non ascendere arbores.

[1] venditor, -ōris m.: Verkäufer [2] ēmptor, -ōris m.: Käufer [3] vitium: Fehler
[4] mordēre: beißen

C *1. Welche gedankliche Fügung besteht in A und B jeweils zwischen dem Partizip und seinem übergeordneten Verb?*

2. Zeichne das Satzbild für den ersten Satz von A II unter Verwendung der Satzgliedsymbole!

3. Vergleiche die Formulierungen
cum Hannibal in Hispaniam vocatus esset *und*
Hannibale in Italiam vocato *inhaltlich und formal!*
Nenne Unterschiede und Parallelen!

4. Nenne und erläutere die Alliteration in E, Zeile 6!

5. Stelle aus E die Wortwiederholungen und Antithesen zusammen, und überlege, welche Wirkung sie haben!

D *1. Übersetze die AmP-Blöcke so, daß sie zu den deutschen Fortsetzungen passen:*

1. Nave ventis adversis paene deleta – *liefen die Kaufleute einen Hafen an.*
2. Nave refecta frumentoque in navem imposito – *setzten sie ihre Reise fort.*
3. Alienis navibus celeriter appropinquantibus – *fürchteten sie, daß es Seeräuber seien.*
4. Omnibus nautis valde timentibus – *behielt der Kapitän einen klaren Kopf.*
5. Nave a piratis circumventa – *verzweifelte er dennoch nicht.*
6. Subito clamore sublato – *enterten die Piraten das Schiff.*
7. Signo dato – *begannen die Matrosen den Kampf.*
8. Tempore consilii capiendi non dato – *handelten alle richtig.*
9. Multis nautis aut vulneratis aut interfectis – *kapitulierte der Kapitän.*

2. Übersetze und erweitere im Deutschen zu einem vollständigen Satz:

1. litteris a patre missis 2. portis oppidi paene clausis 3. custodibus oppressis 4. victoria incolis nuntiata 5. arbore a servis caesa 6. acie instructa 7. consilio pugnandi capto 8. clamore ab incolis audito 9. oppido capto 10. in oppido capto 11. itinere uno die confecto 12. spe aucta.

E Quo modo Romani Carthaginiensibus bellum indixerint

Sagunto ab Hannibale expugnato Romani legatos Carthaginem miserunt belli indicendi causa. Qui cum eo venissent, in senatu Carthaginiensi interrogaverunt, publicone consilio Hannibal Saguntum oppugnavisset. Q. Fabio, principe legationis, nihil aliud interrogante unus e Carthaginiensibus: „Confessio[1] culpae[2] a nobis postulatur.

Non autem hoc quaeri oportet, utrum privato an publico consilio, sed utrum iure an iniuria Saguntum oppugnatum sit. Eo foedere, quod cum Hasdrubale fecistis, Saguntinis libertas servatur; sed quod id foedus non auctoritate senatus nostri factum est, vos eo foedere teneri semper negavistis. Itaque desinite Saguntum et Hiberum commemorare, et, quod diu parturit[3] animus vester, aliquando pariat!"
His verbis auditis Fabius sinu ex toga facto „In hoc sinu", inquit, „vobis bellum et pacem portamus. Utrum placet, sumite!" Carthaginiensibus „Da, quod tibi placet!" clamantibus Fabius sinu effuso[4] „Do", inquit, „bellum."

[1] cōnfessiō, -ōnis f.: Bekenntnis [2] culpa: Schuld [3] parturīre: gebären wollen [4] effundō, effūdī, effūsum, effundere: ausgießen; ausschütten

S **Phönizier, Karthago.** Der Kampf mit Karthago hat Rom über 60 Jahre lang aufs äußerste in Anspruch genommen. Die Stadt Karthago, in der Nähe des heutigen Tunis gelegen, war im 8. Jahrh. v. Chr. von Phöniziern gegründet worden und hatte sich zu einer mächtigen Handelsstadt entwickelt. Die Phönizier waren Kaufleute und bedeutende Seefahrer. Sie hatten als Stützpunkte für ihren Handel vom heutigen Libanon aus bis hin nach Spanien ein Netz von Kolonien aufgebaut. Phönizische Schiffe fuhren im Atlantischen Ozean an der Westküste Afrikas entlang bis zu den Kapverdischen Inseln. Es gibt sogar Berichte von einer Afrika-Umsegelung im Auftrag des ägyptischen Pharao. Daß die lydische Erfindung des Geldes sich schnell im ganzen Mittelmeerraum verbreitete, ist phönizischen Kaufleuten zu verdanken.

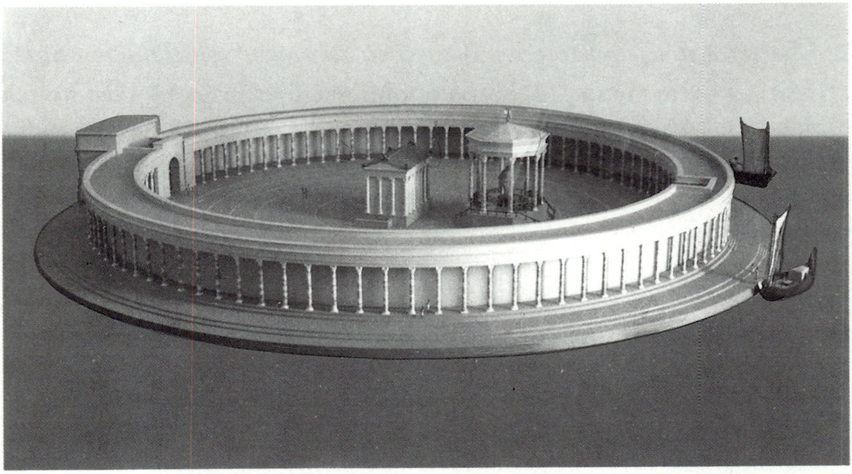

Das Gebäude für den Flottenbefehlshaber auf der Insel im Kriegshafen von Karthago. Rekonstruktionsversuch (Grabungsmuseum von Karthago).

Auch die Buchstabenschrift, wie sie die meisten Völker außerhalb Ostasiens heute benutzen, stammt aus dem phönizischen Raum. Phönizier gaben sie an die Griechen und damit an alle europäischen Völker weiter. Buchstabenschrift heißt: Dinge, Tätigkeiten, Befehle, Gefühle wurden nicht mehr durch eine Vielzahl von Bildern ausgedrückt, wie es die Ägypter taten (Hieroglyphen), sondern das gesprochene Wort wurde in Grundlaute, die Konsonanten, zerlegt. Wenn man für jeden dieser etwa zwanzig Konsonanten einen bestimmten „Buchstaben" schrieb, konnte man jede Sprache ungefähr so aufzeichnen, wie sie gesprochen wurde, und brauchte nicht mehr den umständlichen Umweg über Tausende von Bildzeichen. Die Griechen fügten den Konsonantenzeichen noch die Vokalzeichen hinzu. Seitdem hat sich die europäische Schrift nicht mehr wesentlich geändert.

Phönizische Siedlungen und Handelsstädte standen zunächst in Konkurrenz mit den Griechen, die ebenfalls Kolonien im westlichen Mittelmeer gründeten. In Sizilien gerieten griechische Städte wie Syrakus in kriegerische Auseinandersetzungen mit Karthago. Als die Römer Italien unter ihre Führung gebracht hatten und ihre Herrschaft weiter nach Süden ausdehnten, war der Zusammenstoß der Festlandgroßmacht Rom mit der See- und Handelsmacht Karthago unvermeidlich.

Lectio Octava

A „Numquam in amicitia cum Romanis ero"

Paucis annis post primum bellum Punicum confectum Hamilcar, imperator Carthaginiensium, consilium Hispaniae subiciendae iniit multis senatoribus Carthaginiensibus resistentibus. Cum, priusquam exercitus naves conscenderet, ut mos erat, sacrificaretur, filium suum, Hannibalem nomine, qui tum erat puer novem annorum, ad se vocavit quaesivitque ab eo, secumne in Hispaniam transire cuperet. Cum Hannibal gaudio affectus valde se id cupere dixisset, ad aram eum adduxit manu eius comprehensa. Ibi ceteris remotis filium se numquam in amicitia cum Romanis fore iurare iussit. Itaque Hannibal Hamilcare auctore in odio Romanorum permansit fide semper servata.

Hamilcar, si diutius vixisset, bellum cum Romanis renovavisset. Hamilcare autem mortuo exercitus Carthaginiensium Hannibale duce Alpes superavit et bellum Romanis intulit.

B Hannibal viam per Alpes aperit

Iugo Alpium superato Poeni Hannibale duce in vallem angustissimam saxis ingentibus clausam venerunt, per quam unam via esse poterat. Iumentis[1] atque hominibus fatigatis castra posita sunt loco magnis cum laboribus purgato. Deinde ad viam muniendam milites ducti sunt. Arboribus magnis caesis struem[2] ingentem lignorum circum saxa fecerunt eamque, cum vis venti ad ignem augendum idonea esset, incenderunt ardentiaque saxa aceto[3] infuso putrefecerunt[4]. Quo facto milites ferro viam tam latam aperuerunt, ut non modo iumenta[1], sed etiam elephanti transire possent. Quattuor dies in via munienda consumpti sunt iumentis[1] fame paene necatis. Hoc modo Poeni Hannibale imperatore in Italiam pervenerunt quinto decimo die Alpibus superatis.

[1] iūmentum: Zugtier; Lasttier [2] struēs, struis f.: Scheiterhaufen [3] acētum: Essig
[4] putrefacere: mürbe machen

C

1. Stelle zusammen, welche Arten gedanklicher Fügung zwischen AmP-Blöcken und übergeordneten Verben in Lectio VII und Lectio VIII vorkommen!

2. Benenne Wortarten und Satzglieder der AmP-Blöcke
multis senatoribus Carthaginiensibus resistentibus
Hannibale duce
Hamilcare mortuo.

3. In A und B stehen mehrere AmP-Blöcke erst am Satzende. Bestimme die gedankliche Fügung und das Zeitverhältnis dieser Blöcke!

D

Substantive auf -tor *sind von Verben abgeleitet; sie bezeichnen die handelnde Person; oft dienen sie als Berufsbezeichnung:*
augere: *vergrößern* – auctor: *Urheber; Anstifter.*
Erkläre ebenso: imperator; orator; spectator; victor; Rektor.

E Quo dolo Hannibal inclusus evaserit

Secundo belli anno Hannibal inter montes et mare inclusus erat omnibus viis montiumque iugis a Romanis occupatis. Romanis se bellum sedendo perficere posse sperantibus Hannibal ad fallendum hostem dolum invenit. Cum nisi per montes evadere non posset, prima nocte ad montes accessit Romanis inopinantibus. Ante agmen duo milia boum agebantur; quorum cornibus faces ligneae praeligatae[1]

Hannibals Kriegslist, dargestellt auf einem Holzstich aus dem 19. Jahrh.

erant. Ubi ad primos montes viasque angustas ventum est, signo ab Hannibale dato boves facibus incensis in montes contra Romanos acti sunt. Et metus et calor flammarum boves sicut incensos furore agebat. Bobus magna celeritate currentibus capitaque iactantibus flammae magis magisque incitabantur. Omnibus in montibus arbores ardere Romani credebant, et procul boves speciem hominum currentium praebebant. Atque ubi summis quoque in montibus et supra capita sua ignes quosdam viderunt, se circumventos existimantes fugere coeperunt. Ne intellecto quidem Hannibalis dolo fugiendi finem fecerunt insidias timentes. Carthaginiensium autem exercitus Hannibale duce montibus superatis paulo post in campo aperto castra posuit.

[1] praeligāre: vorn anbinden

S **Die Punischen Kriege, Hannibal.** Der römische Senat entschloß sich 264 v. Chr., bei einer Auseinandersetzung um die Stadt *Messana* in Sizilien militärisch einzugreifen. Um aber gegen die *Poeni* („Punier“, Phönizier), wie die Römer die Karthager nannten, Krieg führen zu können, brauchte Rom eine Flotte. Unterstützt von den griechischen Städten in Unteritalien, bauten die Römer in kurzer Zeit über 130 große Kriegsschiffe und bildeten 30000 Seeleute und Ruderer aus. Nach 24 Kriegsjahren mit vielen Siegen, aber auch schweren Niederlagen und Verlusten konnten sie die Karthager zu einem Frieden zwingen, der Sizilien zur ersten römischen *provincia* machte.

Doch die Punier gaben nicht auf: In Südspanien, das damals noch karthagischer Besitz war und weitab vom bisherigen Kriegsschauplatz lag, stellte der Feldherr *Hamilkar* ein neues Heer auf und rüstete zum Rachekrieg gegen Rom. Römische Geschichtsschreiber berichten, daß Hamilkar seinen Sohn *Hannibal* schwören ließ, immer ein Feind der verhaßten Römer zu sein. Als Hannibal nach dem Tod des Vaters den Oberbefehl übernahm, schlug er los: Er griff Sagunt an, eine mit Rom verbündete spanische Stadt, und zwang so die Römer, Karthago den Krieg zu erklären. Schneller als erwartet stand er mit einem gut geschulten Heer in Italien; er hatte die unglaubliche Leistung vollbracht, mit einer ganzen Armee von Gallien aus die Alpen zu überqueren. In drei Schlachten blieb er in den nächsten Jahren siegreich und fügte den römischen Heeren große Verluste zu. Die Schlacht von *Cannae* im Südosten Italiens an der Adriaküste (216 v. Chr.) war die schwerste Niederlage der römischen Geschichte. Danach vermieden die römischen Feldherren die offene Schlacht; sie gingen dem überlegenen Strategen Hannibal aus dem Weg. Hannibal blieb zwölf weitere Jahre unbesiegt in Italien, bis er 204 v. Chr. von der karthagischen Regierung den Befehl erhielt, nach Afrika zurückzukehren. Sein großer Gegner, der römische Feldherr *Scipio,* war mit einem Heer in Afrika gelandet. Bei *Zama* in der Nähe von Karthago kam es zur Entscheidungsschlacht (202 v. Chr.). Scipio blieb Sieger.

Kriegselefant. Innenbild eines bemalten Tontellers aus Unteritalien.

Lectio Nona

A De filio Solis

Sol Phaethontem, filium suum, appropinquantem salutavit eique „Cur fles“, inquit, „mi fili[1]? Dic mihi! Facere **vol**o omnia, quae filius meus **vul**t.“ Tum ille: „Amici, qui me offendere volunt, me non esse filium tuum dicunt. Utinam me filium tuum esse credere **vel**int! Utinam me dei filium esse dicere **mal**int! Tuum igitur currum, pater, per caelum manu mea regere volo. Hoc modo te esse patrem meum omnibus demonstrabo. Infecta autem re ad illos redire **nol**o. Si tu mihi id, quod opto, permittere non **vi**s, diutius vivere nolo. Mortem obire quam iterum ab amicis derideri malo.“
Sol his verbis territus, quid faceret, nesciebat. Non ignorabat filium rem periculosam audere vel**le** et filio resistere quam parere malebat. Sed cum fidem servare vellet, tandem mollitus est. O miseros patres! Utinam liberis imperare quam parere malletis! Utinam Sol fidem servare noluisset! Iam currus parabatur, iam equi adducebantur. Nolens volens Sol filio suo paruit; sed cum ille currum iam conscendere vellet, dixit: „Hunc currum, mi fili[1], me invito occupare voluisti. Equidem nolo semperque nolam, quod nunc audes. Etiam nunc te retinere mallem. Sed haec quidem verba memoria tene: Currum rege cum prudentia! Noli nimiam altitudinem petere, noli fluctibus maris appropinquare! Medio tutissimus ibis.“
Sed iam equi iussu iuvenis ferocis caelum petebant. Ille autem verba patris memoria tenere aut noluit aut non potuit: De summa caeli altitudine cecidit fulmine[2] Iovis deiectus.

[1] mī fīlī (Vok.): „mein (lieber) Sohn“ [2] fulmen, -minis n.: Blitz

B I De somnio vero

Puer quidam, cum dormiret, in somnio vidit hominem quendam in lecto sedentem atque e vertice[1] amputantem[2] capillos[3]. Ubi dies venit, pater illum puerum circum verticem[1] tonsum[4], capillos[3] in lecto iacentes repperit.

[1] vertex, -ticis m.: Scheitel [2] amputāre: abschneiden [3] capillus: Haar [4] tondeō, totondī, tōnsum, tondēre: scheren

B II Consuetudinis vis magna est

Gladiatores quas plagas[1] perferunt! Quo animo illi, qui bene instructi sunt, accipere plagam[1] malunt quam effugere! Quam saepe apparet nihil eos malle quam domino satis facere vel populo! Mittunt etiam vulneribus fatigati ad dominos quaeruntque, quid velint; si satis factum sit, se velle mortem obire. Quis gladiator vultum mutavit umquam? Quis ferrum recipere iussus collum contraxit? Tantum consuetudo valet.

[1] plāga: Schlag

C

1. Welche Satzstellen in A sind von Infinitiven gefüllt, die von den Verben velle, nolle, malle *abhängen?*

2. Zeichne die Satzbilder, und vergleiche sie:

a) Amici me filium tuum esse credere nolunt.

b) Puer quidam in somnio vidit hominem quendam in lecto sedentem.

3. Jedes Epigramm soll einen Überraschungseffekt (eine Pointe) enthalten. Worin liegt er in E jeweils? Mit welchen sprachlichen Mitteln wird er erreicht?

D

1. malus *oder* mālle?
Übersetze: mālō; malō; malum; mālēbam; māluimus; māluī; malī; māluerō; māllem; mālam; malam; malīs; mālis.

2. velle? volare? vis? vultus? *oder ...?*
vis; vitis; viis; non vis; non vultis; vultui; voluimus; voluerimus; volet; volat; velit; vellet; voluisset; volavisset; volumus; vultis; vultus; volebamus; volabamus; volamus; velimus; volemus.

3. Welche Formen sind nicht von nolle? *Bestimme die Formen von* nolle, *und übersetze die anderen:*
nolo; noli; nemo; nolite; nonne; nolis; non vis; nomine; nobis; noluisti; nolebatis; notis; noluerim; noctem; nollem; nostri.

Stelle aus den Wörtern, die nicht Formen von nolle *sind, der Reihe nach die Buchstaben 3-5-4-5-3-5-5 zusammen! Sie ergeben einen nicht nur bei Sportlern begehrten Titel. Überlege, aus welchem lateinischen Substantiv dieses Lösungswort entstanden ist!*

E Martialis epigrammata[1]

Basia[2] das aliis, aliis das, Postume, dextram.
Dicis: „Utrum mavis? Elige!“ Malo manum. (II 21)

Qualem, Flacce, velim, quaeris, nolimve[3] puellam?
  Nolo nimis facilem difficilemque nimis.
Illud, quod medium est atque inter utrumque, probamus.
  Nec[4] volo, quod cruciat[5], nec[4] volo, quod satiat[6]. (I 57)

Nil[7] recitas et vis, Mamerce, poeta videri.
  Quidquid[8] vis, esto[9], dummodo[10] nil[7] recites. (II 88)

Dimidium[11] donare Lino quam credere totum
  Qui mavult, mavult perdere dimidium[11]. (I75)

[1] epigramma, -matis n.: Epigramm [2] bāsium: Kuß [3] -ve: oder [4] nec ... nec = neque ... neque [5] cruciāre: martern [6] satiāre: sättigen [7] nīl = nihil [8] quidquid: was immer [9] estō: „es soll sein“ [10] dummodo (m. Konj.): wenn nur [11] dīmidium: Hälfte

Lesender Arzt. Auf dem Schrank ein Kästchen mit medizinischen Instrumenten. Relief von einem Marmorsarkophag.

S **Schreibtafeln, Papyrus, Buchrollen.** Notizen, geschäftliche Aufzeichnungen, Schulaufgaben und kürzere Briefe schrieb man in Rom auf *tabulae* oder *cerae*, Holztäfelchen, die mit einer dünnen Wachsschicht überzogen waren. Mit dem *stilus*, einem spitzen Griffel aus Metall oder Elfenbein, ritzte man vorsichtig ins geschwärzte Wachs die Buchstaben, die dann weiß sichtbar wurden. Wollte man das Geschriebene löschen, strich man das Wachs mit dem abgeplatteten anderen Ende des *stilus* wieder glatt. Oft waren zwei (manchmal auch mehr) Tafeln wie Blätter unserer Ringbücher an der Kante durchlöchert und mit einer Lederschnur zusammengebunden. Man konnte ein solches *diptychon* zusammenklappen und so die Schrift auf den beiden Innenseiten schützen.

Längere Texte wurden auf *papyrus,* „Papier“, geschrieben. Das Material lieferte die Papyrusstaude, eine schilfähnliche Pflanze, die besonders im Nildelta wuchs. Die Herstellung von Papyrus lag daher in den Händen der Ägypter. Das Mark der Stengel wurde in Streifen geschnitten und in zwei Schichten über Kreuz aufeinandergelegt. Dann wurde es gepreßt und durch den in der Pflanze enthaltenen Klebstoff zusammengeleimt. So entstanden etwa 30 Zentimeter breite Blätter, die in beliebiger Zahl aneinandergeklebt werden konnten. Anfang und Ende eines längeren Streifens wurden an Holzstäben befestigt, auf denen man den Streifen auf- oder abwickelte. Eine solche Buchrolle nannte man griechisch *biblíon* oder lateinisch *volumen.* Es wird von über 40 Meter langen Buchrollen berichtet.
Die meisten werden jedoch kürzer gewesen sein, denn der Leser mußte die Rolle mit beiden Händen halten, wobei er während des Lesens den Teil der Rolle, den er in der rechten Hand hielt, langsam nach links abwickelte. Den gelesenen Teil wickelte er mit der linken Hand zugleich wieder auf. Beschrieben wurde die Rolle mit kurzen Zeilen, die in senkrechten Kolonnen angeordnet waren. Der Leser hatte so immer zwei oder drei schmale Kolonnen vor Augen. Man schrieb mit Tinte und dem *calamus,* einem zurechtgeschnittenen und angespitzten kleinen Pflanzenrohr.

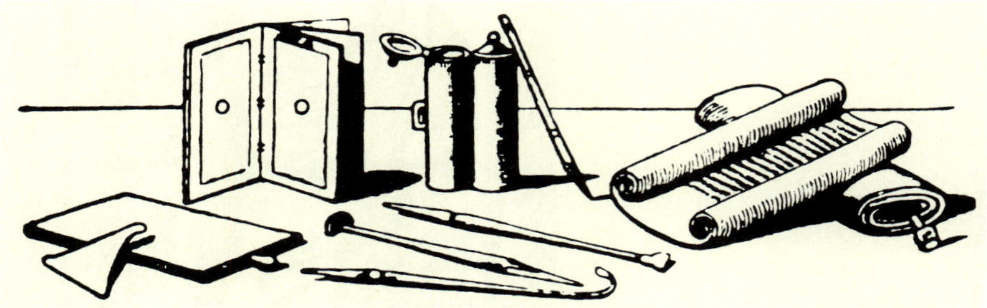

Schreibgeräte und Schreibmaterialien. Zeichnung nach einem Wandbild aus Pompeji.

Lectio Decima

A Germanicus triumphum agit

Ultimis a. Chr. n. annis Augusto principe Romani etiam Germanis vincula inicere[1] coeperunt. Sed has civitates feroces non tam facile, ut consue(ve)rant, subicere potuere; nam Germani pristinae libertatis meminerant et se suaque Arminio duce defendebant. Romani, cum cladem in saltu[2] Teutoburgiensi accepissent, multos annos Germanico duce varia fortuna in Germania pugnarunt. Germanorum viribus nondum fractis Germanicus a Tiberio Caesare Romam revocatus est, ut triumphum ageret.

Triumphi a Campo Martio, quem no(vi)stis, per Viam Sacram forumque in Capitolium ire consuerant. Ante currum victoris tabulae, in quibus victoriae inscriptae erant, atque praeda earum victoriarum ferebantur; etiam captivi currum anteibant.

Captivis in Germanici triumpho praetereuntibus omnes, qui aderant, clamare coepere: „Videtisne homines magnos et feroces? Oderunt nos magis, quam alia umquam gens nos oderat, semperque nos oderint. Nostisne illam mulierem puerum parvum portantem? Novimus eam: Arminii uxor est; eius filium portat; nunc frustra mariti et patriae meminit."

Nunc adest triumphator in curru stans. Ingens undique clamor tollitur. Unus tantum e Romanis, cum Germanicum familiamque valde odisset, dixit: „Memento, Germanice, inconstantiae[3] rerum humanarum!"

Et Germanicus, quem tum omnes fere Romani laudarant atque amarant, paucis annis post in Syria morte affectus est.

[1] inicere: anlegen [2] saltus, -ūs m.: Wald(gebirge) [3] incōnstantia: Unbeständigkeit

B I Arcus, qui nimis intenditur[1], rumpitur.

Oderint, dum metuant!

[1] intendere: (an)spannen

B II* De diluvio

Factum est diluvium quadraginta diebus super terram; et multiplicatae sunt aquae et elevaverunt arcam in sublime e terra. Vehementer inundaverunt et omnia repleverunt in superficie terrae; porro arca ferebatur super aquas. Et aquae praevaluerunt nimis super terram opertique sunt omnes montes excelsi sub universo caelo. Quindecim cubitis altior fuit aqua super montes, quos operuerat. Consumptaque est omnis caro, quae movebatur super terram.

dīluvium: Sintflut
quadrāgintā (indekl.): vierzig
multiplicāre: vervielfachen
ēlevāre: emporheben
arca: Arche
insublīme: „in die Höhe"
vehementer (Adv.): heftig
inundāre: überfluten
replēre: erfüllen
superficiēs, -ēīf.: Oberfläche
porrō (Adv.): sodann
praevalēscō, praevaluī, –, praevalēscere: zunehmen
operiō, operuī, opertum, operīre: bedecken
excelsus: erhaben
ūniversus: gesamt
quīndecim (indekl.): fünfzehn
cubitum: Elle
carō, carnisf.: Fleisch

Die Sintflut. Darstellung in der Wiener Genesis, einer prachtvollen Bibelhandschrift, purpurgefärbtes Pergament, aus dem 5./6. Jahrh. n. Chr.

C *1. In A und B kommen zahlreiche Passivformen vor. Versuche, bei der Wiedergabe dieser Formen das deutsche Passiv nach Möglichkeit zu vermeiden! (Vgl. § 183 der Begleitgrammatik!)*

2. Erläutere die Anapher und das Asyndeton in den Zeilen 5f. von E!

D *1. Übersetze:* odisse; odi; odii; odio; oderunt; oderint; oderant; odero; oderim; odisti; odistis.

2. Übersetze: meminerat; meminerint; memento; mementote; memini; nemini; nomini; nominamini.

3. Bestimme: consuerat; consuesse; consuevit; consuesset; consuesceret.

4. novisse *oder* novus?
Übersetze: novisse; noverunt; noverint; norit; nosset; nosse; norat; novi; novis; novisti.

5. Nenne das Tempus, und stelle ggf. die ‚Normalform' her: audierant; audierint; audisse; laudaris; laudares; laudasses; laudarant.

E Senator Romanus a servis suis interficitur

Senator Romanus a servis suis atroci modo interfectus est. Superbus et saevus dominus erat; patrem suum servum fuisse parum meminerat.

Lavabatur in villa sua. Subito servi eum circumsistunt. Alius fauces[1] premit, alius os verberat, alius ventrem contundit[2], et cum non iam moveretur, in fervens[3] pavimentum[4] coniciunt, ut temptarent, num viveret. Ille, sive quod non sentiebat, sive quod se non sentire simulabat, immobilis et extentus in pavimento[4] iacebat; itaque servi dominum mortuum esse credidere.

Tum denique quasi aestu[5] necatus e balneis effertur[6]. Servi fidi eum excipiunt; feminae cum clamore accurrunt. His vocibus excitatus et frigore loci refectus est. Sublatis oculis motoque corpore vivere se significat[7].

Medicus advocatur; qui corpore eius spectato venisque temptatis[8] senatorem sanari posse negat; paucos post dies eum mortem obiturum esse dicit.

Fugiunt servi; quorum magna pars comprehensa est, ceteri quaeruntur; omnes in crucem tolluntur. Senator autem paucis diebus post non sine hoc solacio[9] e vita cessit.

[1] faucēs, -ium f.: Kehle [2] contundere: zerschlagen; zerquetschen [3] fervēns, (Gen.) ferventis: glühend heiß [4] pavīmentum: Fußboden [5] aestus, -ūs m.: Hitze [6] efferre: hinaustragen [7] sīgnificāre: anzeigen [8] vēnās temptāre: „den Puls fühlen“ [9] sōlācium: Trost

S Pergament, Buchhandel, Lesen.

Haltbarer als Papyrus, allerdings auch teurer, war das Pergament (*membrana*) aus sorgfältig gegerbtem, weißem Schafsleder. Pergament konnte auf beiden Seiten beschrieben werden. Man konnte ein beschriebenes Blatt auch wieder „abradieren“ und neu beschreiben. Die Blätter wurden, wie bei unseren heutigen Heften und Büchern, mehrmals gefaltet und zusammengeheftet. Wertvolle und viel benutzte Bücher aus Pergament erhielten noch hölzerne Buchdeckel zum Schutz. Ein solches Buch nannten die Römer *codex* (Klotz, Block).

Mit zunehmendem Wohlstand im Römischen Reich wuchs auch das Interesse an lateinischer Literatur. Verleger und Buchhändler betrieben die Vervielfältigung und den Verkauf der Bücher als Geschäft. Sie hatten eine Reihe von Schreibern, meist Sklaven, denen die Texte diktiert wurden. Die Bücher wurden in Buchläden (*tabernae librariae*) verkauft. Die Dichter *Ovid* und *Martial* erwähnen in ihren Gedichten stolz, daß ihre Werke überall in der Welt gekauft und gelesen werden. Viel Geld konnten die Autoren mit ihren Büchern allerdings nicht verdienen; sie mußten entweder selber wohlhabende Leute sein, oder sie waren auf die Unterstützung eines „Mäzen“ angewiesen. Der reiche Römer *Maecenas*, ein Freund des Kaisers Augustus, liebte

die Literatur und förderte die Dichter. Sein Name bezeichnet auch heute noch jemanden, der Künstler aus privaten Mitteln unterstützt.
Außer einigen schwer lesbaren Papyrusfragmenten sind keine originalen Handschriften aus der Antike erhalten. Überliefert sind nur Abschriften, die in späteren Jahrhunderten hergestellt wurden. Aber auch diese Handschriften können Ungeübte nur mit Mühe lesen. Die Römer schrieben nämlich „ohne Punkt und Komma"; sie trennten nicht einmal die Wörter durch Zwischenräume und benutzten Abkürzungen für häufig vorkommende Endungen. Wer ein Buch las, mußte den Text langsam und laut vor sich hin sprechen, um ihn - oft erst nach mehrmaligem Anlauf - verstehen zu können.

Lectio Undecima

A De amico falso

In silva quadam ursus[1] magnus versabatur, qui de vita sua laetabatur atque variis fructibus delectabatur. Adulescens quidam, qui solus per silvam ire verebatur, amicum oravit: „Sequere me mihique contra ursum[1] ferocem auxiliare! Si mihi auxiliatus eris, donabo tibi omnia, quae volueris." Amicus ille auxilium pollicitus est nihil cunctatus.
Subito ursus[1] adest. Tum ille proximam arborem ascendere conatur. Socius autem animam continens[2] sicut mortuus humi[3] iacet. Ursus[1] os auribus[4] eius admovet, quasi cum eo colloqui vellet. Sed mortuum aspernatus[5] in silvam se recepit. Amicus miratus, quod socius nihil mali patiebatur, tandem de arbore descendit, ut socio gratularetur. Eum interrogat, quid ursus[1] ei in aurem[4] locutus esset. Tum ille „Ursus[1]", inquit, „me hortatus est, ne amico fidem haberem, cuius fides in rebus adversis non esset probata."

[1] ursus: Bär [2] animam continēre: den Atem anhalten [3] humī: auf dem Boden
[4] auris, -is f.: Ohr [5] aspernārī: verschmähen

B De rana[1] et bove

In fluminis ripa rana[1] bovem magnum conspexit. Aliae ranae[1], quae eam sequebantur, magnitudinem bovis mirabantur. Tum illa rana[1] invidia commota se bovem magnitudine superaturam esse pollicita est et corpus inflavit[2]. Cum se iam bovis magnitudinem assecutam esse arbitraretur, se brevi tempore bovem superaturam esse gloriata est. Sociis non assentientibus maxima vi se inflare[2] coepit.
Tum ceterae ranae[1] veritae, ne rem malam pateretur, eam orabant, ne diutius bovem imitari conaretur. Illa autem verba earum aspernata

est[3]. Iam se latiorem bove esse laetabatur, iam gloriabatur de victoria, cum subito magno cum fragore[4] corpus eius ruptum est. Tum ceterae ranae[1] haec fere verba locutae sunt: „Inóps[5], poténtem dúm vult ímitarí, perít."

[1] rāna: Frosch [2] īnflāre: aufblasen [3] aspernārī: verschmähen [4] fragor, -ōris m.: Krachen; Knall [5] inops, (Gen.) inopis: arm; schwach

C –

D *Übersetze:*

1. laetari; laetare; laetor; laeto; laetaris; laeteris; laetareris; laetabuntur; laetabantur; laetamini; laetemini; laudamini; laudemini; laetabar; laetabor; ad laetandum; laetati sumus; laetata esset; laetatae erunt; laetatus sit; laetatae estis.

2. sequere; sequeris; sequēris; sequaris; sequebaris; sequar; sequor; sequerer; sequimini; sequamini; sequemini; sequeremini; sequi; secuti; secundi; sequenti; sequendi.

E De vitreo[1], quod non frangebatur

Faber quidam phialam[2] vitream fecerat, quae non frangebatur. Tum ad Caesarem profectus est, ut ei phialam[2] donaret; nam Caesarem se magno praemio affecturum esse arbitrabatur. Cum ad Caesarem admissus esset, se phialam[2] ei porrigere[3] simulavit. Cum autem Caesar eam sumere vellet, faber eam, quasi e manibus lapsa esset, in pavimentum[4] proiecit. Nemini erat dubium, quin phiala[2] frangeretur. Quantopere autem omnes mirabantur, cum eam incolumem in terra iacentem conspexissent!

Tum faber eam de terra sustulit et „Noli iratus esse", inquit, „domine! Non enim vereor, ne phiala[2] deleta sit. Statim eam reficiam." His verbis dictis cum eam undique spectavisset et collisam[5] tamquam vas aëneum[6] invenisset, martiolum[7] e sinu sumpsit et phialam[2] refecit. Quo facto laetus praemium magnum se a Caesare assecuturum esse exspectabat. Tum Caesar hoc modo locutus est: „Si mihi hanc rem narravisses, te mentitum esse dixissem. Sed dic mihi: Num alius haec vitrea[1] facere scit?" Postquam se solum eam artem scire confessus est, Caesar eum interfici iussit; verebatur enim, ne mox aurum vilius vitreo[1] esset.

[1] vitreum: Glas [2] phiala (vitrea): (Glas)schale [3] porrigere: darreichen [4] pavīmentum: (Stein)fußboden [5] collīsus: verbeult [6] ae̅neus: Bronze- [7] martiolus: Hämmerchen

Römisches Diatretglas aus Köln, 4. Jahrh. n. Chr.

S **Handwerk in Rom.** Die Tätigkeit des Handwerkers entwickelte sich aus den Bedürfnissen des bäuerlichen Lebens heraus schon früh zu einem eigenen Beruf. Die *familia* stellte zwar die meisten Geräte und Kleidungsstücke selbst her, es gab jedoch Arbeiten, die spezielle Kenntnisse und Fertigkeiten erforderten. Diese Arbeiten wurden dann z. B. vom Schmied, vom Wagenbauer oder vom Zimmermann ausgeführt. Auch die Herstellung von Tongefäßen war schon früh Sache von Spezialisten und ein eigener Handwerkszweig. In den Städten schritt die Arbeitsteilung noch weiter fort.

Bäcker, *pistores*, boten die verschiedensten Brot- und Kuchensorten an. Die Herstellung und das Färben von Woll- und Leinenstoffen war Aufgabe einer ganzen Reihe von Handwerksberufen. Auch bei den Schuhmachern, *sutores*, gab es eine Vielzahl von Spezialberufen, je nach Art der Schuhe. Bauhandwerker und Steinmetze arbeiteten nicht nur an monumentalen Großbauten, sondern gestalteten auch das Innere der Häuser mit Marmorfliesen und Mosaiksteinen. Reste von Metallbeschlägen an Möbeln und Türen zeugen noch heute von der Kunst der Metallarbeiter und Metallgießer. Von ihnen wurden auch einfache oder luxuriösere Haushaltsgegenstände gefertigt, vom Löffel bis zur großen bronzenen (Öl)stehlampe. Die Trompetenmacher hatten, wie viele andere Handwerker, eine eigene Gasse in Rom, in der es laut zuging, wenn sie ihre Instrumente auf der Straße ausprobierten. Waffenschmiede gehörten zu den ältesten Handwerkern überhaupt.

Groß war die Kunstfertigkeit der Glasmacher, *vitrearii*. In vielen Museen stehen noch kostbare römische Trinkgläser. Besonders berühmt sind die *Diatretgläser*, bei denen ringsum ein Netzwerk ausgeschliffen ist, kunstvoll nur durch feine Glasstege mit der Gefäßwand verbunden. Am oberen Rand sind zusätzlich die Buchstaben eines Trinkspruchs herausgearbeitet. Auf einem solchen Glas steht z. B. BIBE VIVAS MULTIS ANNIS. Von der Bewunderung der Glasmacherkunst zeugt auch die erfundene Geschichte von dem Meister, dem es gelang, ein unzerbrechliches und verformbares, glasähnliches Material herzustellen.

Lectio Duodecima

A Numquám‿est fidélis cúm poténte sócietás[1]

Vacca[2] et capella[3] et ovis cum leone venantes per silvas montesque vagabantur. Fame vexati se venando praedam adepturos esse sperabant. Cum cervum[4] magnum cepissent, partita praeda leo sic locutus est: „Ego primam partem sumo, quod leo nominor; quod fortis sum, secundam partem mihi dare non cunctabimini; tum, quod validior vobis sum, tertia me sequetur; denique rem malam patietur is, qui quartam partem tetigerit." Sic leo tota praeda potitus est ceteris iniuriam non querentibus. Veriti enim sunt, ne morerentur, nisi leoni assensi essent.

[1] societās, -ātis f.: Bündnis [2] vacca: Kuh [3] capella: Ziege [4] cervus: Hirsch

B I

Non omnia conare credere omnibus semper!

Paupertas[1] multa experiri docet.

[1] paupertās, -ātis f.: Armut

B II Martialis epigrammata[1]

Nubere[2] vis Prisco: Non miror, Paula, sapisti[3].
Ducere te non vult Priscus: Et ille sapit[3]. (IX 5)

Hostem cum fugeret, se Fannius ipse peremit[4].
Hic, rogo, non furor est, ne moriare[5], mori? (II 80)

Dentibus atque comis[6] – nec[7] te pudet[8] – uteris emptis.
Quid facies oculo, Laelia? Non emitur. (XII 23)

[1] epigramma, -matis n.: Epigramm [2] nūbere (m. Dat.): (einen Mann) heiraten [3] sapere: Geschmack haben; vernünftig sein [4] perimō, perēmī, perēmptum, perimere: umbringen [5] moriāre = moriāris [6] coma: Haar [7] nec = neque [8] tē pudet: „du schämst dich"

C

1. Deponentien sind Verben, deren Formen mit denen des Passivs übereinstimmen. Stelle aus A die Formen zusammen, die dieser Definition ***nicht*** *entsprechen! Versuche, diese Ausnahmen zu erklären!*

2. In A entspricht der AmP partita praeda *formal der Definition der Deponentien. Erläutere, inwiefern er dennoch vom üblichen Gebrauch der Deponentien abweicht!*

3. Jedes der Epigramme in B II enthält eine Wortwiederholung. Ermittle sie, und überlege, welche Wirkung sie wohl hat/haben soll!

D *1. Übersetze und erweitere auf Deutsch zu einem vollständigen Satz:*
1. colloquendi causa 2. causa colloquendi 3. ad proficiscendum 4. partita praeda 5. partito exercitu 6. aurum inter se partiti sunt 7. in hortandis militibus 8. in loquendo 9. eum adepturum esse 10. partitis copiis.

2. quaerere *oder* queri?
Übersetze: querere; quaerere; quaere; quaeri; queri; questi sunt; quaesiti sunt; quaeror; queror; querar; quereris; quaereres; quaeres; quereris; querendi; querenti; questos esse; quaesituros esse; questi essent; quaesita erat; questurum esse.

E De saltu[1] Teutoburgiensi

Sexto anno post cladem in saltu[1] Teutoburgiensi acceptam Romani Germanico Caecinaque ducibus octo cum legionibus Arminii aggrediendi causa contra Germanos profecti sunt. Partitis inter Germanicum Caecinamque copiis variis itineribus uno tempore ad flumen Amisiam congressi sunt. Chauci, cum auxilia polliciti essent, Romanos sequebantur. Bructeros Stertinius legatus iussu Germanici in fugam dedit atque in praedando conspexit undevicesimae legionis aquilam[2] cum Varo amissam.

Gedenkstein für den Centurio M. Caelius, gefallen auf dem Feldzug des Varus 9 n. Chr., wahrscheinlich in der Schlacht im Teutoburger Wald: *Bello Variano.*

Igitur Germanicus se saltum[1] Teutoburgiensem, in quo reliquiae Vari legionumque insepultae[3] iacebant, ingressurum atque commilitones[4] mortuos sepulturum esse militibus pollicitus est. Loca maesta albentia[5] ossa[6], fracta tela equorumque reliquias ostendebant. Vicinae erant arae, apud quas Germani multos milites Romanos interfecerant. Milites quidam, qui pugnam Varianam[7] aut vincula Germanorum effugerant, meminerant hoc loco cecidisse legatos, illo raptas aquilas[2] ostendebantque, quo loco Varus primum vulnus accepisset, ubi manu sua mortuus esset.

Romani, qui aderant, maesti trium legionum ossa[6] sepeliverunt aucta in hostem ira. Omnes de fortuna hominum querentes se Germanos mox punituros esse arbitrabantur. Germanicus regredientem Arminium secutus est et, ubi potestas fuit, legiones manus Germanorum aggredi iussit.

[1] saltus, -ūs m.: Wald(gebirge) [2] aquila: Adler [3] īnsepultus: unbestattet [4] commīlitō, -ōnis m.: Kamerad [5] albēre: weiß sein [6] os, ossis n.: Knochen; Bein [7] Vāriānus = Adj. zu Vārus

S **Römer und Germanen.** Ende des 2. Jahrh.s v. Chr. verließen Germanenstämme aus Dänemark ihre Heimat, wo Sturmfluten die Äcker verwüstet hatten, und drangen allmählich nach Süden vor. Sie suchten mit ihren Familien neue Wohnsitze im südlichen Europa und kamen so in Konflikt mit den ihr *imperium* erweiternden Römern.

Die erste Begegnung mit den Germanen blieb den Römern in schrecklicher Erinnerung: Als 113 v. Chr. das Herannahen eines Zuges germanischer *Kimbern* und *Teutonen* gemeldet wurde, trat ihnen ein römisches Heer im heutigen Österreich entgegen; es wurde von den Germanen überrannt und aufgerieben. Mehrmals wurden in den folgenden Jahren römische Heere von den Germanenstämmen geschlagen, bis der Feldherr *C. Marius* die Kimbern und Teutonen mit überlegener Strategie und Kriegstechnik vernichtete.

Nachdem die Römer Gallien und das Alpenvorland erobert hatten, waren Rhein und Donau die natürliche Grenze zwischen dem *imperium Romanum* und den Germanen. Augustus versuchte zwar, auch das Gebiet zwischen Rhein und Elbe unter römische Gewalt zu bringen. Aber nach Anfangserfolgen traf die Römer die Katastrophe im Teutoburger Wald. Germanenstämme unter Führung eines Cheruskerfürsten, den römische Geschichtsschreiber *Arminius* nennen, vernichteten drei Legionen mit einer Kriegsführung, die man als Partisanenkrieg bezeichnen kann. Bis heute gibt es verschiedene Ansichten darüber, wo die Schlacht stattfand; die genaue Stelle ist nicht bekannt.

Römische Schriftsteller haben die Germanen mit einer Mischung aus Bewunderung, Furcht und Ablehnung geschildert: Ihre Körpergröße und Kraft, ihre „blitzenden blauen Augen", ihre Tapferkeit, ihre Abhärtung gegen Kälte und Hunger haben die Römer beeindruckt. Andererseits konnten sie in diesen „Wilden", gemessen an der römischen Kultur, nur „Barbaren" sehen.

Lectio Tertia Decima

A De Hispano quodam superbo

Tiberio principe in Hispania nonnulli nobiles Hispani pecuniam publicam fraudaverant[1]. Quam cum praetor provinciae Piso nomine magna cum severitate cogeret, illi nobiles consilium eius interficiendi inierunt. Itaque unus eorum, qui erat magna superbia, odio praetoris incensus inopinantem in itinere interfecit. Et cum celeritate equi effugisset montesque ingressus esset, equo dimisso per saxa e manibus sequentium evasit.

Neque diu eos fefellit. Nam Romani equum eius comprehensum paucis diebus post per proximos vicos duxerunt, ut cognoscerent, cuius esset. Eo modo repertus est.

Cum tormentis prodere socios cogeretur, voce magna clamat: Frustra interrogor. Tormenta mihi terrori non sunt. Vellem socii mei adessent et constantiam meam viderent! Constantia enim nemo me superat. Nulla vis doloris tanta est, ut veritatem eliciat[2]!“ Ille vir ingentis virtutis cum postero die iterum ad quaestionem traheretur, se custodibus eripuit eoque impetu caput saxo afflixit[3], ut statim moreretur.

Pisonem severiorem aliis praetoribus fuisse constat; nam pecunias e publico[4] fraudatas[1] tanta severitate coegerat, ut Hispani superbi non toleraverint.

[1] fraudāre: unterschlagen [2] ēliciō, ēlicuī, ēlicitum, ēlicere: hervorlocken [3] afflīgō, afflīxī, afflīctum, afflīgere (m. Dat.): schmettern (gegen) [4] pūblicum: Staatskasse

B De Arminio et Flavo fratribus

Flumen Visurgis inter Cheruscos exercitumque Romanum fluebat. Eius in ripa cum ceteris principibus Cheruscorum Arminius constitit. Cum e Romanis quaesivisset, venissetne Germanicus, oravit, ut liceret cum fratre colloqui. Erat is in exercitu Romano, Flavus nomine, vir fidus, qui paucis annis ante Tiberio duce per vulnus oculum amiserat. Tum progressus salutatur ab Arminio; qui postulat, ut omnes et Germani et Romani se reciperent, et postquam abierunt, fratrem interrogat, unde ea deformitas[1] oris esset. Illo locum et proelium referente quaerit, quod praemium accepisset. Flavus aucta stipendia et militaria dona commemorat irridente[2] Arminio vilia servitutis praemia.

Deinde hic magnitudinem Romanam copiasque Germanici ostendit et minatur omnes civitates victas graves poenas passuras esse et addit neque uxorem eius neque filium hostiliter haberi[3]; ille patriam communem, libertatem antiquam, deos patrios, matrem infelicem demonstrat. Paulatim iurgare coeperunt; et ne flumine quidem prohibiti essent, ne ferro rem gererent, nisi Stertinius legatus Romanus accurrens Flavum irae plenum armaque et equum postulantem retinuisset.

[1] dēfōrmitās, -ātis f.: Entstellung [2] irrīdēre: verspotten [3] hostīliter habēre: „als Feinde behandeln"

C *1. Bestimme die Funktion der in A vorkommenden Ablative und Genitive!*

2. Untersuche die Funktion der Tempora in B!

D *Ordne nach Wortarten und bestimme:*

1. Ausgang -i: defendi; auri; audi; laudi; horti; hortari; portari; portui; potui; memini; sequimini; egi; lēgi; legi; capi; īstī; istī; siti; ei; ii.

2. Ausgang -o: eo; ibo; portavero; ero; erro; ferro; fero; lato; subito; homo; duo; domo; dono; memento; experiendo.

3. Ausgang -um: generum; socium; ferocium; forum; horum; horarum; portuum; hortatum; ad proficiscendum; domum; donum; istum; rerum; montium; odium.

E Tiberius Caesar cum exercitu ad Albim fluvium pervenit

Quinto p. Chr. n. anno exercitus Romanus Tiberio Caesare duce magnis itineribus usque ad Albim pervenit, fluvium magna longitudine, qui multos Germaniae fluvios longitudine superat. Augusto auctore Tiberius Caesar magno cum exercitu a Rheno profectus erat, ut Germanorum gentes subiceret et fines imperii usque ad Albim promoveret[1].

Cum Romani duobus mensibus post, quam profecti sunt, sinistram Albis ripam castris occupassent, planities trans fluvium sita plena hostium erat. Unus Germanorum, qui aetate et magnitudine et dignitate ceteros superabat, lintrem[2] conscendit; solusque usque ad medium fluminis profectus petiit, ut sibi in eam ripam, quam Romani armis tenebant, exire et Caesarem videre liceret.

Der Kaiser Tiberius (14–37 n. Chr.).
Reliefschnitt aus Glas.
Rechts die Künstlersignatur.

Data potestate appulso lintre[2] diu tacitus Caesarem contemplabatur[3]. Admirabatur virum corporis pulchri validique, qui erat vultu honesto et magnis oculis. Tandem haec fere verba locutus est: „Nostri iuvenes furore affecti sunt, qui vos, si abestis, admirantur vestrumque numen[4] colunt, vestra autem arma, si adestis, metuere quam fidem vestram sequi malunt. Sed ego clementia tua, Caesar, hodie vidi deos, de quibus antea audiebam; nullum diem, qui felicior hoc die erat, tota mea vita vidi."

Et cum impetrasset, ut manum Caesaris tangeret, regressus in lintrem[2] sine fine ad Caesarem spectabat, donec[5] ripae suorum appulsus est.

[1] prōmovēre: vorschieben [2] linter, -tris m.: Kahn [3] contemplārī: betrachten [4] nūmen, -minis n.: göttliche Macht [5] dōnec: bis

S **Die Römer in Deutschland.** Wenn man einen Stadtplan von Köln oder von Regensburg aufmerksam betrachtet, entdeckt man, daß bestimmte Straßen der Altstadt ziemlich genau an den Seiten eines Rechtecks verlaufen und daß andere Straßen innerhalb dieses Rechtecks ein Schachbrettmuster bilden: Die Stadtanlage zeigt die charakteristische Form des römischen (Militär)lagers und Kastells.

Wie Köln oder Regensburg sind viele Städte an Rhein und Donau und im Hinterland dieser beiden Flüsse aus früheren römischen Festungen und Militärsiedlungen entstanden. Manche Städtenamen lassen den lateinischen Ursprung noch erkennen: Köln = *Colonia* (*Claudia Ara Agrippinensium*), Mainz = *Mogontiacum*, Regensburg = *Castra Regina*, Augsburg = *Augusta*

Vindelicorum, Trier = *Augusta Treverorum*. Von der heutigen Bundesrepublik gehörten etwa die Bundesländer Rheinland-Pfalz, das Saarland, Baden-Württemberg sowie das südliche Bayern zum *imperium Romanum*. Das Gebiet zwischen Rhein und Donau war jedoch von keiner natürlichen Grenze gegen Angriffe von Germanenstämmen gesichert. Diese „Lücke" schlossen römische Soldaten im 1. Jahrh. n. Chr. durch einen Grenzwall, *limes*: eine durchgehende Palisade aus Holzpfählen, davor Graben und Wall. Der Limes war über 500 Kilometer lang. Von Wachttürmen, die in Sichtweite voneinander standen, konnte man durch Flaggen, Feuerzeichen oder Rauch schnell Alarm zum nächsten Kastell geben. Kastelle waren im Hinterland in regelmäßigen Abständen angelegt. Gute Verbindungswege ermöglichten es den dort stationierten Reitern und Fußtruppen, sofort einzugreifen. Über 50 Limeskastelle wurden in Deutschland festgestellt. Eines davon, die *Saalburg* im Taunus, wurde wieder aufgebaut und ist heute ein Freilichtmuseum.

Römische Kultur, Baukunst, Ackerbaumethoden wie der Obst- und Weinbau, Handwerk, z. B. die Glas- und Keramikkunst, die Religionen des Römerreiches, römisches Recht, römische Verwaltung und nicht zuletzt die lateinische Sprache wurden von den Bewohnern der Provinzen hinter dem Limes übernommen.

Germanien in römischer Zeit.

Lectio Quarta Decima

A I De Germanico

Augustus, cum de Vari clade certior factus esset, imperavit, ut belli gerendi finis fieret. Sed paulo post bellum renovatum est.
Germanicus, Augusti nepos[1], postquam earum legionum, quae ad ripam Rheni erant, dux factus est, imperavit, ut, si fieri posset, viae per omnem Germaniam patefierent et pontes in fluminibus fierent. Hac re factum est, ut milites laboribus et periculis assuefierent. Animi militum pontibus faciendis, viis patefaciendis pugnandi cupidi fiunt; brevi tempore fit, ut postulent, ut tandem impetus in hostes fiat.
Sed priusquam bellum confici poterat, Germanicus ab imperatore Tiberio in urbem est revocatus. Quid factum erat? Verebaturne Tiberius, ne Germanicus eiusque milites nimis superbi fierent? ne fieri posset, ut Romani iterum clade afficerentur? Milites id moleste ferebant; in dies fiebant tristiores. Tum Germanicus „Nolite“, inquit, „seditiosi fieri! Revocat me Tiberius, ut vobiscum de Germanis triumphum agam. Fiet, ut proximo anno Germanos vincamus.“

[1] nepōs, -ōtis m.: Enkel

A II De asino stulto

Erat quidam rex, qui canibus parvis ludere gaudebat; tantopere eos diligebat, ut eos non solum cibis bonis nutriret[1], sed etiam in gremio[2] tenere soleret. Quin etiam eos pedes circum collum suum ponere et os suum lambere[3] patiebatur. Itaque tantopere gremio[2] eius consuerant, ut semper eo reverterentur.
Asinus invidia canum commotus secum dixit: „Cur non ego quoque audeo ante regem canere et pedes circum collum eius ponere? Fiet, ut rex arte mea gavisus cibos bonos meritumque honorem mihi tribuat. Arte mea confidam.“ His verbis pulchris confisus aulam intrare ausus est et ante regem primo cecinit, deinde saltavit[4]; postremo ad regem cucurrit et pedes circum collum eius posuit, ut os eius lamberet[3], sicut illi canes consuerant. Rex autem gavisus non est, sed asinum verberari et in stabulum reduci iussit. Ille, cum eo revertisset, secum locutus est: „Ea arte, qua confisus eram, deceptus sum. Verum est illud proverbium[5]: Qui stultus exit, stultus revertetur.“

[1] nūtrīre: füttern [2] gremium: Schoß [3] lambere: lecken [4] saltāre: tanzen [5] prōverbium: Sprichwort

Der törichte Esel. Illustration aus der Ademar-Handschrift (um 1000 n. Chr.), einer lateinischen Fabelsammlung.

B De Vespasiano

Vespasianus ne in metu quidem et periculo mortis extremo abstinuit iocis[1]; morbo gravi affectus „Vae", inquit, „puto, deus fio."

[1] iocus: Scherz

C –

D

1. Übersetze die Indikativformen, und bestimme die Konjunktivformen! Welche Form bleibt übrig?
fitis; fis; fiat; fit; fiet; fieret; fiunt; fiant; fierent; fio; fiam; fieri.

2. Übersetze: confici; patefieri; interfici; assuefieri; perfici.

3. Substantiv oder Verb? Übersetze und nenne die lateinische Grundform (Nom. Sg. bzw. Inf. Präs.):
gaudio; gaudeo; gaudebo; solēs; sōlēs; sōlis; sōlīs; solērēs; sōlem; soleam; aude; audi; ausi; gavisa esset; audita erat; ausa sunt.

4. Bestimme die doppeldeutigen Formen, und übersetze die eindeutigen:
revertere; reverti; revertor; revertar; reverterat; revertitur; revertisse; revertisti.

E De milite[1] et serpente[2]

Multos ante annos miles[1] erat, cuius uxor erat magna avaritia parvaque prudentia. Is miles[1] tam multis torneamentis[3] interesse solebat, ut magnam in egestatem[4] veniret nesciretque, quid ageret.

In domo militis[1] serpens[2] versari solebat. Ille serpens[2], cum dolorem eius vidisset, se ei ostendere ausus est et dixit: „Cur fles? Si mea fide confisus eris, tibi auxiliabor. Si cottidie lac[5] dulce mihi praebebis, dives fies.“ Quo audito miles[1] gavisus est, et cottidie serpenti[2] lac[5] dulce apportabat. Neque serpens[2] eum fefellit: Brevi dives factus est; in dies divitiae eius augebantur.

Uxor autem divitiarum cupidissima marito „Serpentem[2] illum“, inquit, „in sua caverna[6] multa bona abdidisse confido. Interficiamus eum, ut omnes eius divitias possideamus!“

Igitur miles[1] postero die, cum, ut solitus erat, serpenti[2] lac[5] afferret, uxore auctore malleum[7] secum portavit. Cum serpens[2] lacte[5] viso caput e caverna[6] extendisset militi[1] non diffisus, ille malleo[7] eum interficere conatus est. Ille autem corpus contraxit, ut ictu[8] mallei[7] vas, in quo lac[5] erat, frangeretur; statimque miles[1] omnia, quae possidebat, amisit.

Paulo post iussu uxoris ad serpentem[2] revertit et eum orare ausus est, ut sibi ignosceret et iterum divitias praeberet. Ille autem: „Ille ictus[8] mallei[7] semper ante oculos versabitur; perfidiae tuae semper meminero. Te foedus novum servaturum esse diffido. Itaque pax inter nos fieri non potest.“

Tum miles[1] ad uxorem revertit et „Si tibi confisus non essem“, inquit, „divites mansissemus.“

[1] mīles, -litis, m.: hier: Ritter [2] serpēns, -ntis m.: Schlange [3] torneāmentum: Turnier [4] egestās, -ātis f.: Armut [5] lac, lactis n.: Milch [6] caverna: Höhle [7] malleus: Hammer [8] ictus, -ūs m.: Schlag

Turnierszene: Zweikampf zu Pferd (Tjost). Zeichnung in „Kaiser Heinrichs Romfahrt“, einer mittelalterlichen Bilderchronik.

Lectio Quinta Decima

A De rege et fabulatore[1] suo

Rex magnus potensque fabulatorem[1] habuit, qui ei omnibus noctibus quinque fabulas narrare consuerat. Quae fabulae multo meliores erant fabulis aliorum fabulatorum[1], ut rex eum pluribus praemiis afficeret quam peiores fabulatores[1]. Quo enim meliores fabulae erant, eo maiora praemia fabulatores[1] a rege accipere solebant.

Nocte quadam rex, cum curis maximis commotus dormire non posset, quam plurimas fabulas audire cupivit; cum ille ad solitum numerum complures breviores fabulas addidisset, rex tamen eum plures narrare iussit. Ille autem se iam plurimas optimasque fabulas narravisse respondit. Ad haec rex „Multas“, inquit, „sed brevissimas narrasti. Ea autem longe optima fabula est, quae plurimis ex verbis constat. Tali fabula narrata te dormire sinam.“

Fabulator[1], cum haec audisset, sic narrare coepit: „Agricola, cui mille aurei[2] erant, in oppidum proximum migravit et duo milia ovium emit. Quas cum domum ageret, fluvius minor, quem mane sine labore transierat, imbribus[3] maximis auctus erat. Cum aquam neque ponte neque vado[4] transire posset, abiit, ut navem quaereret. Tandem navem minimam repperit, quae duas tantum oves una cum agricola ferre potuit. Igitur duabus ovibus in navem impositis aquam transiit.“

His verbis dictis fabulator[1] somno se dedit. Rex autem eum excitavit et „Omnium fabulatorum[1] pessimus es“, inquit; „fabula non finita te dormire veto.“ Tum fabulator[1]: „Fluctus ille maximus est, navis autem minima; et numerus ovium maior est, quam ut brevi transportari possint. In ovibus transportandis plurimum tempus consumetur; plus igitur somni me capere permitte, dum agricola noster omnes oves transportet.“

[1] fābulātor, -ōris m.: Erzähler [2] aureus: Goldstück [3] imber, -bris m.: Regen [4] vadum: Furt

B –

C

1. Überlege, welche in A enthaltenen Superlative die Höchststufe bezeichnen und welche als Heraushebung (Elativ) angesehen werden können!

2. Nicht zu allen Komparativen in A ist eine verglichene Größe angegeben. Stelle diese Komparative zusammen, und versuche herauszufinden, welche Vergleichsebene gemeint ist!

D multum *und noch mehr*

Übersetze: 1. maior multitudo 2. plus doloris 3. a maioribus castris 4. plus tribus horis 5. dies complures 6. multo plus 7. quam maximis (potest) itineribus 8. maiori parti 9. complures annos 10. quam maximum numerum 11. pro castris minoribus 12. multum temporis 13. maximo clamore 14. ex reliquis Gallis complures 15. plures menses 16. compluribus annis post 17. pluribus diebus consumptis.

E Hanno cum Thrasymacho e bello reverso colloquitur

Hanno: „Olim Mercurio similis abieras. Nunc vero Vulcanus nobis redisti."

Thrasymachus: „Spes maxima praedae ditissimae fortem me fecerat. Sic autem e bello rediri solet. Vulnere graviore accepto nunc claudico[1]."

Hanno: „Nonne multum refers praedae?"

Thrasymachus: „Minime; zona[2] mea vacua est."

Hanno: „Eo minor tua sarcina[3] est."

Thrasymachus: „Sed plus ibi scelerum vidi et commisi quam umquam antea in omni vita."

Hanno: „Num tibi placet vita militaris?"

Thrasymachus: „Nihil peius est vita militari."

Hanno: „Sed narra nobis, quo modo gestum sit proelium!"

Thrasymachus: „Quo maior erat strepitus[4] cornuum, tumultus[5] equorum, clamor virorum, eo minus videre poteram."

Hanno: „Quo modo igitur plurimi, qui e bello crudelissimo veniunt, demonstrare possunt omnes res, quasi ubique adfuissent? Plura referre solent, quam in bello maximo fieri possunt."

Thrasymachus: „Ego quidem omnes malos milites quam plurimum mentiri solere credo. Quid in tentorio[6] meo factum sit, non ignoro. Quid autem in proelio gestum sit, minime scio."

Hanno: „Hoc quidem scis, quo modo isto vulnere graviore affectus sis?"

Thrasymachus: „Arbitror aut saxo aut equi calce[7] fractum esse pedem."

Hanno: „Minime quidem; cum fugeres timore maximo affectus, lapsus offendisti lapidem. Abi nunc domum et uxori narra tuas victorias!"

Thrasymachus: „Illa carmina pulcherrima mihi canet, quod vacua cum zona[2] redeo."

Hanno: „Miles optimus es. Iustum est, ut id, quod male partum est, male pereat.“

Thrasymachus: „Omnia, quae in bello committuntur, feci; nam iure fit, quod ibi fit.“

Hanno: „At istud ius summa est iniuria. Te non patriae amor, sed praedae spes traxit in bellum.“

Thrasymachus: „Confiteor et arbitror paucos eo ire sanctiore proposito[8].“

[1] claudicāre: hinken [2] zōna: Gürtel [3] sarcina: Gepäck [4] strepitus, -ūs m.: Getöse [5] tumultus, -ūs m.: Lärm [6] tentōrium: Zelt [7] calx, calcis f.: Huf [8] prōpositum: Vorsatz

S **Der antike Unterhaltungsroman.** Wohl alle Menschen möchten sich gelegentlich in eine andere, erdichtete Welt versetzen lassen, in der sie, wie der König in der eben gelesenen *fabula,* ihre Sorgen vergessen können.

Die Griechen erzählten ihre ältesten Geschichten in Gedichtform (Epos); die *Ilias* und die *Odyssee* sind in Versen geschrieben. In Prosa, also in „normaler“ Redeweise, verfaßte man wissenschaftliche oder historische Abhandlungen, die eher der Belehrung als der Unterhaltung dienen sollten. Aber schon der griechische Historiker *Herodot* (gest. 425 v. Chr.), dessen Geschichte der Ägypter, Perser und Griechen erhalten ist, flocht häufig Erzählungen von interessanten Menschen oder merkwürdigen Vorkommnissen ein.

Phantastische Landschaft. Ausschnitt aus einem Mosaik in Praeneste, heute Palestrina, östlich von Rom.

Die große Zeit des griechischen Prosa-Romans begann nach dem Alexanderzug. Reise- und Abenteuerromane führten die Leser in fremde, phantastische Gegenden, ließen sie mit den Romanhelden bangen, wenn Feinde, Räuber, wilde Tiere und andere Gefahren drohten. Lange bevor Jules Verne in seinen Romanen Menschen zum Mond fliegen ließ, las man bei dem Schriftsteller *Lukian* (geb. 120 n. Chr.) von unglaublichen Geschehnissen: Ein Wirbelsturm reißt ein Schiff in die Lüfte, es landet auf dem Mond. Dort sehen die Reisenden seltsame Dinge: Menschen, die wie Früchte auf Bäumen wachsen, sich von fliegenden Fröschen ernähren, gläserne Kleider tragen und sogar ihre Augen zur Schonung aus dem Kopf nehmen können. Die Mondbewohner führen gerade Krieg mit den Sonnenbewohnern um den Besitz des Morgensterns. Ein von Riesenspinnen gewebtes Netz ist der Kampfplatz. Als das Schiff der Mondfahrer wieder auf die Erde zurückkehrt, wird es von einem riesigen Walfisch verschlungen – allerdings ohne Schaden für die Reisenden. Die können aussteigen, spazierengehen und sich die Landschaft im Bauch des Fisches ansehen. Lukian nannte seine Erzählungen „Wahre Geschichten". Wahrscheinlich wollte er sich über die vielen Abenteuer- und Reiseromane lustig machen.

Auch Liebesromane, in denen ein junges, verliebtes Paar durch allerlei widrige Umstände getrennt wird und erst nach vielen Abenteuern und Gefahren wieder zueinanderfindet, fesselten die Leser. Die Grenze zwischen Roman und Märchen wird hier oft überschritten; Hexen, Zauberer, magische Ringe oder Zauberkräuter spielen eine wichtige Rolle.

So auch in dem wohl berühmtesten lateinischen Roman des Altertums, dem „Goldenen Esel". Er erzählt von einem jungen Mann, der leichtsinnigerweise die Zaubersalbe einer Hexe ausprobiert und dadurch in einen Esel verwandelt wird. Menschliche Gestalt kann er nur durch den Genuß von Rosen wiedererlangen. Bis ihm dies endlich gelingt, gerät das Langohr mit menschlichem Bewußtsein in die Hände vieler Besitzer, muß manche Leiden ertragen und erlebt traurige, aber auch komische Abenteuer.

Lectio Sexta Decima

A I C. Plinius de convivio narrat

Paucos ante dies cenavi apud hominem quendam sordidum[1] et sumptuosum[2]. Sibi enim ipsi et paucis aliis cibos pretiosos et optimos, ceteris, qui eidem cenae intererant, viles et peiores ponebat. Vinum etiam, quod in eadem cena convivis offerebatur, non erat omnibus idem; sed aliud sibi ipsi et nobis, aliud minoribus amicis, aliud suis nostrisque libertis destinaverat[3], quamquam omnes eiusdem cenae convivae erant.

Id ipsum animadvertit is, qui in eodem lecto atque ego iacebat, et „Num probas?“ interrogavit. Negavi. Tum idem „Tu ipse“, inquit, „quam consuetudinem sequeris?“ – „Eadem atque mihi pono omnibus, quos ad eandem cenam invitavi.“ – „Etiamne libertis ipsis?“ – „Etiam iis; convivas enim tum, non libertos eos puto.“ – „Magno tibi constat.“ – „Minime.“ – „Quo modo id fieri potest?“ – „Quod liberti mei non idem, quod ego, edunt bibuntque, sed ego idem, quod liberti.“

[1] sordidus: geizig [2] sūmptuōsus: verschwenderisch [3] dēstināre: bestimmen

A II De quodam deceptore[1]

Homo quidam malus et dolosus plumbum[2] et quasdam alias res vilissimas sacculo[3] imposuit, quasi pretii cuiusdam essent. Quem sacculum[3] in foro clam deposuit et postea multis spectantibus sustulit quaerens, quis amisisset. Improbus quidam mercator avaritia adductus suum esse dixit. Cui deceptor[1]: „Res pretiosissima esse videtur. Non accipies eam, nisi decem aureos[4] praemio mihi dederis.“
Illo cunctante deceptor[1] unum quemque virum atque unam quamque feminam eius multitudinis, quae circumstabat, interrogavit, num iniquum praemium postularet. Quibus omnibus negantibus mercator aureos[4] ei dedit atque in abeundo sacculum[3] aperuit. Cum se deceptum esse intellexisset, reversus hominem illum comprehendit et „Vilissima quaedam“, inquit, „tantum in sacculo[3] inveni. Nisi aureos[4] mihi reddideris, in ius te vocabo[5].“
Tum deceptor[1] multitudine circumstantium monstrata ei dixit: „Iustissimus quisque te deceptorem[1] esse credet; nam uno quoque horum audiente rem istam tuam esse dixisti. Eamus ad praetorem! Te deceptorem[1] damnabit. Nam suum cuique! Et faber est suae quisque fortunae.“

[1] dēceptor, -ōris m.: Betrüger [2] plumbum: Blei [3] sacculus: Säckchen [4] aureus: Goldstück [5] in iūs vocāre: „vor Gericht laden“

B –

C *Ermittle und erläutere die Anaphern in A I, Zeilen 4–8!*

D

1. idem *oder* ire?
Übersetze: eundem; euntem; eundo; eodem; eorundem; eundi; eunti; eam; eandem; earundem; is; iisdem; idem; īdem.

2. Verbinde jeweils ein Pronomen mit einem passenden Substantiv und übersetze:

1. ipso; ipsi; ipsius; ipsae; ipsa; ipsā; ipsum; ipsorum; ipsas.
2. quidam; quaedam; quadam; quodam; quoddam; cuidam; cuius; cuiusque; quemque; quendam; quoque; quorundam.

3. Adjektive auf -ōsus *sind von Substantiven abgeleitet. Der Ausgang* -ōsus *bedeutet: „reich an ...“; „voll von ...“; „versehen mit ...“.*
Erkläre: pretiosus; periculosus; dolosus; numerosus; perniciosus; aquosus; copiosus.

E Legati Frisiorum Pompei theatrum visitant

Duodesexagesimo p. Chr. n. anno duo legati Frisiorum Romam venerunt; Neronem ipsum adire atque orare volebant, ut Frisiis in ipsa Rheni ripa considere et agros vacuos colere concederetur. Nero tum aliis rebus occupatus erat; itaque ipse unum e ministris ad legatos misit, ut iis mirabilia aedificia urbis monstraret.

Omnibus barbaris[1], quibus magnificentia[2] urbis Romae demonstratur, eadem aedificia ostenduntur. Igitur Frisii quoque, postquam diu iam circumacti sunt, in Pompei theatrum ducti sunt, ut ibi magnitudinem Romanam admirarentur. Caveam[3] hominum plenam ingressi ducem interrogaverunt, ubi senatores, ubi equites, ubi plebs sedes suas haberent. Iam senatores in orchestra[4] sedere audiverant, cum subito inter senatores ipsos homines quosdam veste externa sedentes conspexerunt. Statim quaerebant: „Qui sunt isti? Cur isdem in sedibus atque senatores sedent?“ Tum dux „Is honor“, inquit, „legatis earum ipsarum gentium datur, quae fortitudine et amicitia Romana ceteras gentes superant.“ Tum Frisii „Nulli homines fortitudine aut fide Germanos superant!“ clamantes descendunt et inter senatores considunt. Quod cum ii, qui spectandi causa aderant, audivissent, plausu[5] magno legatos in orchestram[4] descendentes comitabantur dicentes: „Eiusdem impetus eorundemque morum maiores nostri fuerunt, qui rem publicam e minima fecerunt maximam.“

Nero civitate Romana eos donavit; Frisios agros ad Rhenum sitos, quos iam occupaverant, relinquere easdemque regiones, quas antea, habitare iussit.

[1] barbarus: Barbar; Ausländer [2] magnificentia: Pracht [3] cavea: Zuschauerraum
[4] orchēstra: Orchestra; Parkett [5] plausus, -ūs m.: Beifall

Die *cavea* des römischen Theaters von Aspendos in der Türkei (erbaut um 160 n.Chr.). Links die Bühnenwand.

S **Theater (I).** Das antike Theater ist eine Schöpfung der Athener; das gilt sowohl für die Theaterstücke als auch für die Theaterbauten. Einem Halbkreis von ansteigenden Zuschauerreihen stand die Bühne, *scaena* (vgl. „Szene"), gegenüber. Hinter der Bühne erhob sich eine hohe, säulengeschmückte Rückwand. Die Theaterbesucher saßen so zwar unter freiem Himmel, aber in einer Art Hohlraum, *cavea,* und konnten das auf der Bühne gesprochene oder gesungene Wort bis in die letzte Reihe deutlich verstehen. Vor der Bühne war ein runder Platz freigelassen, die *orchestra,* „Tanzplatz". Hier bewegte sich singend oder sprechend der Chor, der zu jeder griechischen Tragödie und Komödie gehörte. Bei den Römern, die von den Griechen die Theaterarchitektur übernahmen, wurde die Orchestra dann zur Hälfte in den Zuschauerraum einbezogen („Parkett").

Römische Theater waren in früher Zeit noch nicht aus Stein, sondern aus Holz gebaut. In Rom ließ *Pompeius* 55 v.Chr. auf dem damals noch unbebauten Marsfeld das erste steinerne Theater errichten. Zwei weitere steinerne Theater entstanden unter Augustus. Die Theaterbauten und entsprechend die Zahl der Sitzplätze waren sehr viel kleiner als die Riesenbauten eines Zirkus oder Amphitheaters.

Was wurde in diesen Theatern gespielt? Römische Zuschauer zeigten wenig Interesse an den alten klassischen Tragödien aus Athen. Die Komödie, also ein Spiel aus dem bürgerlichen Alltag, bei dem man lachen konnte und schlimmstenfalls um das Happy-End eines Liebespaares bangen mußte, war eher nach ihrem Geschmack. *Plautus* (gest. 184 v.Chr.) und *Terenz* (gest. 159 v.Chr.) sind die bekanntesten lateinischen Komödiendichter. Ihre Werke lehnen sich an griechische Vorbilder an.

Lectio Septima Decima

A De gallo et vulpecula

Gallus, cum cautus et diligens esset, meridie caut**e** et diligen**ter** gallinas[1] in arborem altiorem ducebat, ne a vulpecula atro**citer** raperentur. Quae cum fame graviore incitata arbori audacter appropinquasset, multo bland**ius** et dulcius, quam solita erat, gallum salutavit et „Nonne audivisti", inquit, „hodie omnia animalia concilium habuisse, in quo pacem perpetuam inter se firmaverunt? Omni sublato timore nullae iam insidiae aut iniuriae fiant, sed omnes secure pace et concordia delectentur! Descendite statim securi, ut hunc diem festum agamus!"

Facile se gallo persuasuram esse, ut una cum gallinis[1] de arbore descenderet, arbitrabatur. Gallus autem blandioribus eius verbis auditis cautior factus secum dixit: „Cum vulpecula ista cautius agam, quam cum aliis animalibus agere consuevi. Dolum dolo vincam." Et ad vulpeculam versus callidissim**e** „Bonum", inquit, „nuntium affers. Si pax inter omnia animalia est, bene est." Simul prudenter collum altius extendens, tamquam longius prospicere vellet, in pedes se erexit.

Tum vulpecula anxie interrogavit, quid conspiceret. „Duos canes celerrime appropinquantes", gallus respondit. His verbis auditis vulpecula timida „Valete!", inquit, „fugiam, priusquam illi aderunt." Et simul celeriter coepit abire. Tum gallus: „Cur tam timide fugis? Si pax constituta est, fortiter canes appropinquantes exspecta!" Vulpecula autem: „Libenter manerem; sed nescio, canesne illi pacem constitutam esse iam audiverint."

[1] gallīna: Huhn

B Geflügelte Worte

1. Citius, altius, fortius! 2. Ubi bene, ibi patria. 3. Quídquid[1] agís, prudénter agás, et réspice fínem! 4. Vasa vacua maxime sonant. 5. Bis[2] dat, qui cito dat. 6. Plenus venter non studet libenter. 7. Fortiter in re, suaviter[3] in modo. 8. Nihil agendo homines male agere discunt. 9. Nihil est annis velocius[4]. 10. De mortuis nil[5] nisi bene.

[1] quidquid: was immer [2] bis (Adv.): zweimal [3] suāvis, e: süß; mild [4] vēlōx, (Gen.) vēlōcis: schnell [5] nīl = nihil

C *Jeder Satz von B enthält mindestens eine sprachlich-stilistische Besonderheit. Nenne sie, und beschreibe ihre inhaltliche Wirkung!*

D *Nenne das Adjektiv zu:* caute; diligenter; audacter; secure; male; facile; prudenter; bene; celeriter; fortiter; atrociter; timide; vehementer.

E De sancto Georgio et dracone[1]

Georgius tribunus[2] cum in provincia Libya stipendia mereret, quodam die per ripam lacus immensi equitabat. Iam oppido ad eum lacum sito appropinquabat, cum subito ad ipsam oppidi portam virginem pulcherrimam conspexit, quae valido vinculo cum ove coniuncta ad lacum illum descendit. Vehementer flebat, et de muro pater eius fortunam suam sortemque filiae multis cum lacrimis querebatur.

Der heilige Georg kämpft mit dem Drachen. Tafelbild vom Außenflügel eines Altars.

Georgius statim de equo descendit eamque interrogavit, qua de causa cum ove coniuncta esset et cur tam maesta incederet[3]. Tum illa: „In isto lacu draco[1] saevus habitat. Fortissimus quisque incolarum frustra draconem[1] illum vincere conatus est; unum quemque eorum draco[1] crudeliter oppressit devoravitque. Itaque incolae multos iam per menses cottidie illi ovem atque puerum aut puellam dant, ne saeve crudeliterque oppidum aggrediatur. Hodie ego ad mortem mittor. Ecce pater meus, rex huius civitatis, de muro sortem meam miseram queritur. – Tu autem, adulescens fortissime, ne male eveniat tibi, fuge quam celerrime! Non enim est dubium, quin ille draco[1] te pariter necet." Georgius autem: „Militi bono turpius est fugere quam mori. Bene accidit, ut hoc ipso die in hanc regionem perveni. Noli timere! In Christi nomine fortiter tibi adero."

Dum haec inter se loquuntur, draco[1] caput e lacu tollit. Tum puella territa „Fuge celeriter!" clamat. Georgius autem equum conscendit, et cum se signo crucis munivisset, draconem[1] appropinquantem fortiter et audacter aggreditur. Deo se commendans hastam conicit, draconem[1] graviter vulnerat, ad terram proicit. Tum virgini: „Circumda zonam[4] tuam collo draconis[1] nihil verita, filia!" Quo facto draco[1] sequebatur eam sicut mansuetissimus[5] canis. Cum eum laeti in oppidum ducerent, incolae timide fugere coeperunt. Georgius autem „Nolite timere!", inquit; „ad hoc enim Dominus me misit ad vos, ut vos dracone[1] liberarem."

[1] dracō, -ōnis m.: Drache [2] tribūnus: Tribun (Offizier) [3] incēdere: einherziehen
[4] zōna: Gürtel [5] mānsuētus: zahm

S **Theater (II).** Die Komödien von *Plautus* und *Terenz* spielen in Griechenland unter Griechen. Über deren Fehler und Schwächen zu lachen muß den Römern ein großes Vergnügen bereitet haben. Typische Komödienfiguren sind der Geizhals, der am Ende doch überlistet wird, der prahlerische Soldat (*miles gloriosus*), der trotz seiner Angebereien als Feigling entlarvt wird, oder der ältere Herr, der jungen Mädchen nachläuft und sich dadurch lächerlich macht. Ein weiterer Komödientyp ist der leichtsinnige junge Mann aus „gutem Hause", der Vaters Geld mit Zechgelagen und Liebesabenteuern durchbringt. Auch Züge aus dem Liebesroman findet man in der Komödie: etwa das Mädchen, das als Kind aus einem reichen Elternhaus entführt und von bösen Herren oder Herrinnen gepeinigt wird. Am Ende aber bekommt es doch einen standesgemäßen Ehemann, nachdem seine Herkunft durch Erkennungszeichen überraschend geklärt worden ist. Oft spielt in der Komödie ein Sklave die Hauptrolle. Er ist pfiffiger und einfallsreicher als seine Herrschaft und schafft es mit Witz und List, die Verwicklungen der Handlung zum guten Ende zu führen.

Römisches Steinrelief: Szene aus einer Komödie. Ein junger Mann kommt, auf einen Sklaven gestützt, von einem Trinkgelage nach Hause. Sein Vater erwartet ihn bereits.

Eine schlichte und meist derbe Handlung kennzeichnet den *mimus*. Verführung, Ehebruch und Betrug wurden oft überdeutlich auf der Bühne in Wort, Gestik und Tanz vorgeführt. Während in der antiken Tragödie und Komödie auch die Frauenrollen mit männlichen Schauspielern besetzt waren, wurden sie im Mimus von Frauen gespielt. Die spärliche Bekleidung dieser Schauspielerinnen und ihr Verhalten auf der Bühne waren ein ständiges Thema von Sittenpredigern unter heidnischen und christlichen Römern. Der Beruf des Schauspielers zählte nicht zu den ehrenhaften Berufen. Dennoch trieben die Römer mit Mimenschaupielern und -schauspielerinnen einen Kult, der einer heutigen Begeisterung für Film- und Fernsehstars nicht nachsteht.
Während beim Mimus das gesprochene Wort zusätzlich durch Gesten und Tanz verdeutlicht wurde, beschränkte sich der *Pantomimus* auf die „Körpersprache“. Gute Pantomimentänzer konnten auch ohne Wort eine komplizierte Handlung so vorspielen, daß sie von den Zuschauern verstanden wurde.

Lectio Duodevicesima

A De Sicilia

Omnium provinciarum, quae imperio Romano erant usui, Sicilia plurimis iustissimisque de causis erat princeps. Prima omnium provincia est nominata, prima docuit Romanos, quam praeclarum esset alienis gentibus imperare. Omnes eae civitates eius insulae, quae semel in amicitiam Romanorum venissent, saluti populi Romani consuluerunt. Quando enim Sicilia id frumentum, quod deberet, non ad diem dedit? Quando id, quod imperaretur, non fecit? Quotannis a Romanis etiam in Siciliam mittebantur magistratus, qui incolis consulerent et provinciam fidam quam optime administrarent. Et nemo erat, quin officium optimi cuiusque Romani libenter susciperet.
Nonnumquam autem etiam in Siciliam magistratus Romani mittebantur, qui non erant idonei, qui hanc provinciam administrarent. Sed incolae Siciliae, qui perferre non possent crudelitatem atque avaritiam nonnullorum magistratuum Romanorum, tamen animo non defecerunt. Dignos enim se esse crediderunt, quibus Romani auxilium ferrent. Et Romani non erant ii, qui incolas provinciae iniuriis affici paterentur.

B –

C

1. Bestimme die Art der gedanklichen Fügung, die in den Relativsätzen in A durch den Konjunktiv ausgedrückt ist!

2. Stelle aus A die Aussagen zusammen, die für das Selbstverständnis der Römer charakteristisch sind!

D

1. posse, possidere *oder* potiri? prodere *oder* prodesse?
Ordne die Formen je einem dieser Verben zu, und übersetze sie dann: possum; potitus sum; potitus ero; potero; potuero; posset; prodesset; proderet; possideret; possideat; possederit; potuisset; potieris; potiris; potire; potiremini; possidet; prodest; prodet; poterat; profuerit; potestis; potestas; poteratis; potestatis; proderatis; prodideratis.

2. Substantive auf -tūdō *sind Begriffe (Abstrakta) und nennen eine Eigenschaft:*
pulcher: *schön* – pulchritudo: *Schönheit.*
Erkläre ebenso: altitudo; longitudo; magnitudo; multitudo; solitudo.

E Quaestor Romanus in provincia versatur

Verres, quaestor Romanus, iussu Cn. Dolabellae, qui provinciam Ciliciam administrabat, Lampsacum venerat; ab hospite quodam hospitaliter receptus statim a Rubrio, comite suo improbo, petiverat, ut virginem aut mulierem investigaret, quae eum Lampsaci diutius retineret. Rubrius, qui dignus erat, cui tale officium committeretur, Philodami filiam, quae cum patre habitaret, virginem magna pulchritudine esse ei rettulit. Homo, qui ipse ne vidisset quidem illam, tamen statim ad Philodamum migrare voluit. Sed hospes, qui nihil vereretur, hominem summa vi retinere coepit. Ille, qui hospitis relinquendi causam reperire non posset, Rubrium ad Philodamum duci iussit.

Quod ubi est Philodamo nuntiatum, quamquam ignorabat, quantum mali sibi et filiae suae iam constitueretur, tamen ei ostendit officium illud suum non esse. „Non enim", inquit, „is sum, qui comites recipere soleat, sed praetores et consules."

Verres, qui una cupiditate raperetur, illius verba neglexit, per vim Rubrium ad eum duci iussit. Philodamus, qui semper amicus Romanorum fuisset, tandem Rubrium hospitaliter domo sua recepit. Convivium comparat et Rubrium rogat, ut invitet eos, quos invitare velit. Itaque Rubrius Verrem eiusque comites invitat. Opinione celerius omnes veniunt. Fit sermo inter eos, bibitur poculis[1] maioribus. Et brevi tempore post Rubrius „Quaeso", inquit, „Philodame, cur filiam tuam ad nos vocari non iubes?" Homo, qui summa gravitate esset, territus est hominis improbi verbis. Negavit morem esse Graecorum, ut convivio virorum interessent mulieres. Clamor undique tollitur. Philodamus Verrem filiae vim afferre velle animadvertit servosque suos ad se vocat. Manibus primo res geritur, deinde gladiis. Philodamus vulneratur, comes quidam Verris nomine Cornelius a Philodami servis interficitur.

In ius vocatus[2] capitis damnatus est Philodamus, qui civem Romanum interfecisset. Lampsacenorum autem nemo fuit, quin Philodamum iniuste damnatum esse arbitraretur.

[1] pōculum: Becher [2] in iūs vocāre: „vor Gericht laden"

S Reisen, Gastfreundschaft. Ein römischer Beamter, der im Auftrag des Staates im Römischen Reich unterwegs war, hatte es im Vergleich zu privaten Reisenden bequem. Die Gemeinden, in die er auf der Durchreise kam, mußten ihn als Gast aufnehmen und versorgen.

Reisen war in der Antike meist ein beschwerliches und oft auch gefährliches Abenteuer. Erst in den Jahrhunderten nach Christi Geburt boten Frieden und Sicherheit des *imperium Romanum* die Gewähr dafür, daß man sich unbesorgt auf Reisen begeben konnte. Ein Netz von gepflasterten Fernstraßen erstreckte sich von der Atlantikküste bis zur Arabischen Wüste. Römische Beamte, *curatores,* sorgten für den guten Zustand der Straßen, Militärposten für die Sicherheit der Reisenden. Meilensteine nannten die Entfernungen zu den nächsten Orten.

Fahrzeuge für eine längere Reise mit Gepäck waren die von Pferden oder Maultieren gezogene *raeda,* ein vierrädriger offener Wagen, oder die *carruca dormitoria,* ein geschlossener Kastenwagen, in dem die Reisenden sogar übernachten konnten. Denn eine Reise dauerte oft wochenlang, und die Gasthäuser, *mansiones,* waren - wenigstens in abgelegenen Gegenden - nicht immer empfehlenswert. Römische Reisende berichten über Schmutz, schlechtes Essen, betrügerische Wirte und Diebesgesindel, das sich in solchen Häusern herumtrieb. In den Städten wurden die Gasthäuser meist von der Stadtverwaltung überwacht. Die Wirte waren angehalten, saubere Zimmer und vor allem feste Preise für Übernachtung und Essen zu bieten, wie wir aus gefundenen Preislisten wissen.

Wer es konnte, teilte jedoch seine Reisestrecken so ein, daß er abends von Freunden aufgenommen wurde. Gastfreundschaft, *hospitium,* war hoch geschätzt. Das Wort *hospes,* Gastfreund/Gastgeber, bezeichnet im Lateinischen ein noch engeres Freundesverhältnis als das Wort *amicus.* Um so schändlicher mußte den Römern das Verhalten des Quaestors Verres gegenüber seinem Gastgeber erscheinen.

Römischer Reisewagen. Grabrelief aus Maria Saal (Kärnten), um 150 n.Chr.

Lectio Undevicesima

A De libidine magistratuum Romanorum (I)

In oppidum quoddam Italiae consul venit comitante uxore. Eo cum venissent, uxor eius dixit se in balneis virorum lavari velle. Interrogata, cur non in balneis feminarum lavari vellet, ea minora et peiora esse dixit. Tum quaestori eius oppidi, M. Mario, datum est negotium, ut balneis expellerentur ei, qui lavabantur.

Uxor, cum lauta esset, apud virum questa est parum cito balneas sibi traditas esse et parum lautas fuisse. Iratus consul se eam rem ulturum esse uxori pollicitus est. Iussu eius palus[1] constitutus est in foro eoque adductus est suae civitatis nobilissimus homo, M. Marius. Vestibus detractis virgis caesus est.

In alio oppido cum eadem de causa praetor Romanus imperavisset, ut quaestores comprehenderentur, alter se de muro deiecit, alter comprehensus virgis tantopere verberabatur, ut denique moreretur.

[1] pālus: Pfahl

B Vincentius Laurentiusque colloquuntur

Vincentius: „Visne certare saliendo?“
Laurentius: –
Vincentius: „Interrogo te, velisne certare saliendo.“
Laurentius: „Cum paulo ante cenaverim, ludus iste mihi non placet.“
Vincentius: „Quam ob rem?“
Laurentius: „Quod plenus venter gravat[1] corpus.“
Vincentius: „Non iis, qui in paedagogio[2] cenaverint; eos enim statim post cenam fames vexat.“
Laurentius: „Dic igitur, quod saliendi genus tibi placeat!“
Vincentius: „Incipiamus ab eo, quod est simplicissimum! Saliamus sicut locustae[3] vel ranae, utraque tibia[4], sed coniunctis pedibus! Huius ubi sit satietas, aliud atque aliud genus experiemur.“
Laurentius: „Equidem nullum repudio genus praeter id, quod geritur cum periculo tibiarum[4], cum nolim rem mihi esse cum chirurgis[5].“
Vincentius: „Hasta nixum salire est nobilissimum.“
Laurentius: „Multo nobilius est certare currendo. Hoc loco incipiamus! Arbor illa alta sit finis!“

Vincentius: „Quod praemium victori dabitur?“
Laurentius: „Ei, qui vicerit, satis magnum praemium erit gloria ipsa.“
Vincentius: „Ei potius, qui victus sit, dabitur praemium, ne nimis doleat.“
Laurentius: „Sit igitur victo praemium, ut lappa[6] ornatus redeat in urbem!“
Vincentius: „Equidem non repudiabo, si tu anteibis tibia[4] canens.“

[1] gravāre: belasten [2] paedagōgium: Internat [3] lōcusta: Heuschrecke [4] tībia: Unterschenkel; Flöte [5] chīrūrgus: Chirurg [6] lappa: Klette

C *1. Bestimme, in welchem Zeitverhältnis die konjunktivischen Gliedsätze in A und B zum jeweils übergeordneten Satz stehen!*

2. Übernimm die folgende Tabelle, und setze die Tempora der konjunktivischen Gliedsätze ein! Versuche, eine Regel zu finden!

übergeordneter Satz	konjunktivischer Gliedsatz	
	vorzeitig	gleichzeitig
Präsens	~~~	~~~
Futur I	~~~	~~~
Imperfekt	~~~	~~~
Perfekt	~~~	~~~
Plusquamperfekt	~~~	~~~

D *1. Bestimme:* comples; compleres; complures; compleri; complevi; completi; compleveritis; compleveratis; compleatis; completis.

2. regere *oder* rex? regnare *oder* regnum?
Übersetze: regi; rēgi; rexi; recti; regni; regno; rego; regio; regam; regem; rexeram; rexerim; rexissem; regeris; regēris; rēgis; regis; regnaris; regaris; regeres; reges; rēges.

E De libidine magistratuum Romanorum (II)

Quanta libido quantaque intemperantia[1] magistratuum Romanorum fuerit, altero exemplo demonstrabitur: Homo adulescens, qui usque ad id tempus magistratum non ceperat, ex Asia pro legato Romam missus est. Is in lectica[2] ferebatur. Bubulcus[3] quidam ei obviam venit et per iocum[4], cum ignoraret, quis ferretur, interrogavit, num mortuum ferrent. Adulescens, cum id audivisset, lecticam[2] iussit deponi; struppis[5], quibus lectica[2] deligata[6] erat, tam diu illum verberari iussit, dum moreretur.

[1] intemperantia: Unbeherrschtheit [2] lectīca: Sänfte [3] bubulcus: Ochsentreiber [4] iocus: Scherz [5] struppus: Riemen [6] dēligāre: (zum Tragen) festbinden

Griechischer Mischkrug, Kratér, um 510 v. Chr., mit Namensinschriften: Szenen aus dem *gymnásion*.

S Sport in der Antike. Die ältesten Berichte über Sport bei den Griechen finden wir in den Epen Homers. Zu Ehren gefallener Helden wurden bei den Bestattungsfeiern Sportwettkämpfe ausgetragen. Die Wettkämpfer waren hervorragende Krieger, keine Berufsathleten. Sie maßen ihre Kräfte beim Wettlauf, Speer- und Diskuswerfen, Boxen, Ringen, Bogenschießen oder im Kampf mit Schwert und Schild. Der Sieger wurde mit einem Preis belohnt. Auch Wagenrennen werden bei Homer geschildert. Von Sportwettkämpfen zu Ehren eines Gastes, wie sie die Phäaken zu Ehren von Odysseus veranstalteten, berichtet die Odyssee.

Für die Griechen gehörte der Sport zur Schulbildung vor allem der Jungen. Das Wort *gymnásion* bezeichnet eine Stätte, wo man nackt (*gymnós*) Sport trieb. Auch aus militärischen Gründen legte man Wert auf sportliches Training der jungen Männer, denn in den griechischen Stadtstaaten war jeder Bürger wehrpflichtig und diente als *Hoplit,* als schwer bewaffneter Fußsoldat. In voller Rüstung zu marschieren, zu laufen und zu fechten erforderte athletisches Training. Eine große Zahl griechischer Vasenbilder zeigt Jungen und Männer beim Laufen mit voller Bewaffnung.

Daß solche athletischen Sportarten von römischen Bürgern betrieben wurden, wird selten berichtet. Gymnastik, Ballspiel oder Schwimmen aber standen auch auf dem „Fitnessprogramm" der Römer. Die großartigen Thermen- und Sportanlagen, die in jeder größeren römischen Stadt gebaut waren, gaben den Römern Gelegenheit, ihren Körper gesund zu halten.

Der römische Philosoph *Seneca* bewohnte einmal eine Urlaubsunterkunft direkt über den Bade-, Sport- und Fitnessräumen und klagt: „Kraftmenschen üben hier im Hallenbad, schwingen ihre mit bleibesetzten Riemen bandagierten Fäuste, stoßen zischend den angehaltenen Atem aus und bringen sich in Schweiß - oder tun wenigstens so. Masseure klatschen mit den Händen auf die Schultern ihrer Opfer ... Wenn noch ein Ballspieler dazukommt, der seine Ballschläge laut zählt, dann reicht es mir ... Stelle dir ferner das gewaltige Klatschen des Wassers vor, wenn einer ins Schwimmbecken springt." Kein Wunder, daß sich Seneca in seinen philosophischen Studien gestört fühlte.

Lectio Vicesima

A De Britannia

Caesar primus Romanorum cum exercitu in Britanniam traiecit; sed inferiorem modo insulae partem cognovit, quae est proxima Galliae provinciae. Insulam posteris expugnatam tradere non potuit. Primo post Christum natum saeculo inferior pars Britanniae paulatim provincia facta est; nonnulla autem castella in loca ulteriora promota[1] sunt, et postremo tota prope insula sub imperio Romanorum erat.

Extrema pars Britanniae, quae Caledonia nominabatur, a Romanis numquam expugnata est: Summi et invii[2] montes eos arcebant. Itaque citeriorem partem insulae limite firmaverunt. Britannorum humanissimi erant ii, qui inferiorem partem insulae habitabant; interiores frumentum non serebant[3], sed lacte[4] et carne vivebant et pellibus erant vestiti.

[1] prōmovēre: vorschieben [2] invius: unwegsam [3] serere: säen [4] lac, lactis n.: Milch

Luftaufnahme eines römischen Kastells an dem Grenzwall, den der Kaiser Hadrian Anfang des 2. Jahrh.s n. Chr. in *Britannia* bauen ließ.

B De monte Olivarum

Mons Olivarum apud Hierosolymam situs altitudine monti Sion par est, sed latitudine et longitudine superat. Cuius in summo iugo, ubi Dominus ad caelum ascendit, ecclesia rotunda et magna est, quam tres porticus[1] tectae circumdant. Nam interior domus propter Domini ascensionem[2] tegi non potuit. Aram in orientali[3] parte habet, quae angusto culmine[4] tecta est. Intima in ecclesia ultima Domini vestigia videri possunt tecto supra patente, ubi ascendit. Supra ea vestigia lampas[5] pendet, quae die et nocte lucet. In occidentali[6] eiusdem ecclesiae parte octo fenestrae vitreae[7] sunt; octo lampades[5] funibus[8] pendentes usque ad Hierosolymam per eas fenestras lucent. Quarum lux animos spectantium gaudio simul et terrore afficit. Die ascensionis[2] Domini quotannis ventus magnus desuper[9] venire et omnes, qui in ea ecclesia sunt, in terram proicere consuevit.

[1] porticus, -ūs f.: Säulenhalle [2] ascēnsiō, -ōnis f.: Himmelfahrt [3] orientālis: östlich [4] culmen, -minis n.: Dach; Giebel [5] lampas, -adis f.: Lampe [6] occidentālis: westlich [7] vitreus: gläsern; Glas- [8] fūnis, -is m.: Seil [9] dēsuper (Adv.): von oben herab

C *1.*

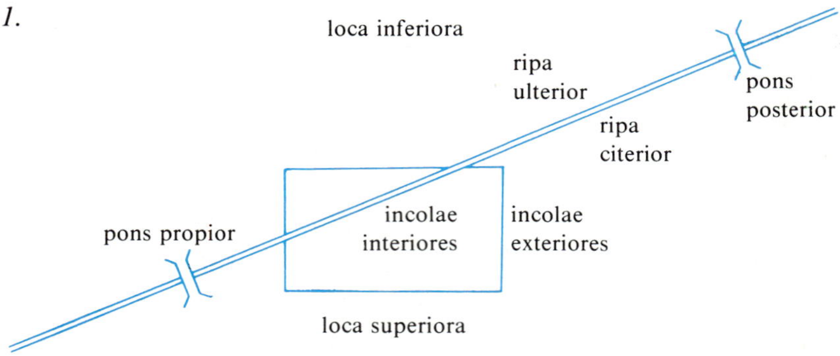

2. Zeichne die zu C 1 gegebene Skizze ab, und setze präpositionale Ausdrücke ein! Verwende dabei die Präpositionen: citra, extra, infra, intra, post, prope, supra, ultra *und die Substantive* flumen, oppidum, pons!

D *1. Übersetze:* 1. intra eas silvas 2. extra fines civitatis 3. ex inferiore loco 4. omnia fere superiora loca 5. in citeriorem Galliam 6. in ulteriorem portum 7. prope hostium castra 8. postero die 9. prima luce 10. proximo die 11. paulo infra 12. primis civitatis 13. ad summas Alpes 14. superioribus annis 15. in extrema spe salutis 16. ab superiore parte 17. ab infimo 18. in summo iugo 19. summum in populum Romanum studium 20. proximum iter in ulteriorem Galliam 21. summus mons 22. ab summo 23. ultimae gentes 24. proxima nocte.

2. Steigerungsform oder Verbform?

1. superor; superior; superiore; superiori; superari; superanti; superaris; superares; superiores; superioris; superioribus; superantibus.

2. ulterioris; ulcisceris; ulciscēris; ulciscereris; ulciscere; ulteriore; ulterior; ulciscor; ulciscar; ulciscebar; ultimum; ultum.

E De Anglis et Scottis

Anno p. Chr. n. sescentesimo sexagesimo sexto Colmanus episcopus[1] Scottorum Britanniam relinquens non modo multos Scottos, sed etiam viros viginti Anglorum secum duxit. Relictis in ecclesia sua fratribus nonnullis postero die prima luce ad insulam Hii venit, unde erat superioribus annis in gentem Anglorum ad praedicandum verbum profectus. Deinde abiit ad insulam quandam parvam, quae prope exteriorem partem Hiberniae sita insula vitulae albae[2] nominatur. Cum in hanc insulam in mari ulteriore sitam pervenisset, in summo monte monasterium[3] aedificavit et ibi monachos[4], quos de utraque gente collectos adduxerat, collocavit. Sed monachi[4] concordiam servare non poterant: Scotti enim tempore aestatis fructuum colligendorum causa monasterio[3] relicto per omnia fere inferiora loca et maxime sub infimo monte vagabantur et hieme posteriore redibant; Angli autem moleste ferebant, quod Scotti reversi una cum Anglis eis rebus, quas illi aestate proxima paraverant, utebantur. Tum Colmanus episcopus[1] invenit hanc medicinam: Adiens loca et propiora et ulteriora repperit in Hibernia insula locum, qui erat idoneus ad monasterium[3] aedificandum. Et paucis diebus post partem eius non magnam ad aedificandum ibi monasterium[3] emit ab eo, qui ea loca possidebat. Et monasterio[3] statim aedificato auxiliantibus vicinis omnibus, qui prope eum montem habitabant, Anglos intra muros huius monasterii[3] collocavit relictis in illa insula Scottis.

[1] episcopus: Bischof [2] vitula alba: das weiße Kalb [3] monastērium: Kloster [4] monachus: Mönch

Lectio Vicesima Prima

A De proelio ad Cynoscephalas facto

Carthaginiensibus victis Romani ex laboribus se reficere non poterant; nam cum milites a Philippo, Macedonum rege, Carthaginiensibus auxilio missi apud Zamam una cum his contra Romanos pugnavissent, bello illum regem persequebantur. Triennio post ad Cynoscephalas in Thessalia sitas eum proelio vicerunt. Pacem se cum eo facturos esse dixerunt ea condicione, ut omnes Graecorum civitates, quae sub eius potestate erant, liberae fierent et suis legibus uterentur; monuerunt eum, ne sibi diutius resisteret, sed suo imperio pareret seque suum in regnum reciperet.

B De sartore[1], qui in caelum venit

Venit claudus[2] sartor[1], qui mortuus erat, ad portas caeli petivitque a Sancto Petro, ut portas sibi aperiret. Petrus autem negavit propter multa eius furta. Tum sartor[1] sui purgandi causa multa verba fecit. Petrus autem verbis eius minime commotus abire eum iussit. Sartor[1] autem se in limine proiciens se itinere fatigatum esse neque longius progredi posse dixit. Manere se apud eum velle confirmavit, dum sibi ab eo permitteretur, ut caelum intraret. Nemini se molestum fore et infimum quodque officium se executurum esse pollicitus est. Tandem Petrus, cum se ab eo diutius defendere non posset, verbis eius victus portas caeli ei aperuit.

Sartor[1] ille hoc sibi concessum esse gavisus pie in caelo versabatur. Quodam autem die, cum caeli imperator cum exercitu suo se in hortum quendam extra caelum situm sui recreandi causa contulisset, ille sartor[1] claudus[2] solus in caelo permansit. Data potestate cum omnia caeli loca adiret, postremo ad solium[3] supremi regis venit, ex quo omnia mortalium facta conspici possunt. Vix in eo solio[3] consederat, cum vetulam[4] conspexit, quae mulieri cuidam in fluvio claro lavanti vestes clam rapere vellet. Et cum ipse expertus esset, quam grave peccatum[5] esset furtum, iratus scamnum[6], quod ei sub pedibus erat, in eam coniecit.

Rex summus reversus quaesivit, quis scamnum[6] sibi abstulisset. Tandem sartore[1] reperto „Mi fili[7]“, inquit, „si mihi poena tam curae fuisset quam tibi, iam diu neque sellas[8] neque scamna[6] haberem.“

[1] sartor, -ōris m.: Schneider [2] claudus: hinkend [3] solium: Thron [4] vetula: die Alte [5] peccātum: Sünde [6] scamnum: Schemel [7] mī fīlī (Vok.): „mein (lieber) Sohn“ [8] sella: Sessel

C *1. Suche in A für jedes Personalpronomen und für jedes Possessivpronomen das Beziehungswort!*

2. Stelle für jedes Personalpronomen und für jedes Possessivpronomen in B fest, ob es a) nicht reflexiv
b) direkt reflexiv
c) indirekt reflexiv verwendet ist!

3. Worin unterscheidet sich bei diesen Pronomina der deutsche Sprachgebrauch vom lateinischen?

4. In welchem Zeitverhältnis zum übergeordneten Verb stehen die Infinitive, Partizipien und Konjunktive in A?

D *1. Bestimme die Art der Reflexivität und übersetze:* 1. de eius adventu 2. de suo adventu 3. se absente 4. sui fallendi causa 5. in perpetuum sui liberandi potestas 6. se suaque omnia 7. ut se circumsisterent 8. se invito 9. ne post se hostem relinqueret 10. ut sibi consulat 11. conantibus auxiliari suis 12. ut sibi militibusque parcat 13. recuperandorum suorum causa 14. quos sibi ad consilium capiendum elegerat.

Olympia: Der Zugang zum Stadion.

2. Substantiv oder Verb?
Nenne die Grundform und übersetze: consule; consuli; consului; consilii; consulti; consulta; consularis; consuleris; consulēris; consulis; consules; consulas; consuleres.

E Quo modo Graeci libertatem recuperaverint

Romani non ad transferendum a Philippo ad se imperium in Graeciam venerant, sed ad omnes Graecorum civitates liberandas. Itaque, cum tempus Isthmiorum adesset, homines undique Corinthum se contulerunt non modo, ut ludos spectarent, sed etiam, ut audirent, quid Romani de Graecis constituissent. Omni multitudini persuasum erat Romanos Graecia non esse cessuros. Iam omnes ad spectaculum consederant, cum praeco[1], ut mos erat, in mediam arenam processit. Silentio facto pronuntiavit: „Senatus Romanus eas gentes, quae sub potestate Philippi regis fuerunt, liberas esse et suis legibus uti iubet." Audita eius voce maximum erat gaudium. Revocatus praeco[1], cum se quisque liberum esse ab eo iterum audire vellet, rursus pronuntiavit eos esse liberos. Tum tantus cum clamore plausus[2] est ortus, ut facile appareret nihil omnium bonorum eis libertate gratius esse.

[1] praecō, -ōnis m.: Herold [2] plausus, -ūs m.: Beifall

S **Die Olympischen Spiele.** Bei mehreren Heiligtümern Griechenlands feierte man zu Ehren der Götter Wettkämpfe: in Delphi die Pythischen Spiele zu Ehren Apollos oder auf dem Isthmos von Korinth die Isthmien. Die berühmteste Wettkampfstätte war jedoch das Heiligtum des Zeus von Olympia. Es liegt in der Landschaft Elis im Nordwesten der Peloponnes.

In der Antike nahm man an, daß die ersten Olympischen Spiele 776 v. Chr. stattgefunden hätten, und benutzte dieses Datum für eine Zeitrechnung, die in vielen griechischen Stadtstaaten galt. Aber sicher sind die Spiele noch älter. Im Lauf der Zeit beteiligten sich nicht nur die Einwohner von Elis an den Wettkämpfen, sondern alle griechischen Staaten entsandten Athleten nach Olympia. Zur Zeit der Spiele und für die An- und Abreise der Teilnehmer herrschte ein allgemeiner Landfriede. So stärkten die Spiele bei den Griechen auch das Gefühl der Zusammengehörigkeit und das Bewußtsein, eine gemeinsame Kultur zu besitzen.

Die Olympischen Spiele fanden alle vier Jahre statt. Fünf Tage lang wurde um sportlichen Ruhm gekämpft. Sorgfältig bereiteten sich die Teilnehmer vor. Frauen waren nicht zugelassen. Das sportliche Programm umfaßte seit 708 v. Chr. die fünf Disziplinen Weitsprung, (Kurzstrecken-)Lauf, Diskuswurf, Speerwurf und Ringkampf (*péntathlon* – Fünfkampf). Es wurde mit der Zeit erweitert, z. B. um Boxen und *pankrátion* (Catchen). Wagenrennen waren von Anfang an in Olympia üblich. Die Sieger bei den Wettkämpfen erhielten einen Kranz vom heiligen Ölbaum und wurden in ihrer Heimatstadt hoch geehrt und reich beschenkt. 393 n. Chr. wurden die Spiele von dem christlichen Kaiser Theodosius I. verboten.

Nach dem Vorbild der antiken Olympischen Spiele werden seit 1896 die „Olympischen Spiele neuer Zeitrechnung“ gefeiert. Sie finden an wechselnden Orten statt. Zum Programm gehören zahlreiche Sportarten, von denen der Zehnkampf nach Art und Vielseitigkeit am ehesten an den antiken Fünfkampf erinnert. Während der Spiele brennt das Olympische Feuer. Es wird im heiligen Bezirk des alten Olympia entzündet und zu den Wettkampfstätten gebracht.

Olympia: Das Stadion, in dem die Wettläufe stattfanden. Im Vordergrund die Start- und Zielschwelle. Rechts die Fundamente der Tribüne für die Kampfrichter.

Lectio Vicesima Secunda

A Quo modo homo, qui porcum[1] caedere vellet, illusus sit

Mos erat in oppido quodam, ut, qui hieme porcum[1] cecidisset, vicinos ad cenam invitaret. Homo autem quidam, qui erat magna avaritia, amicum consuluit dixitque:

„Moleste fero, quod vicinos ad cenam invitare debeo. Porcum[1] necabo, ut me meosque carne eius alam, non ut cum vicinis diem festum agam. Vereor enim, ne porcum[1] devorent totum. Quo modo eam impensam[2] evitare possum?“	moleste se ferre, quod vicinos ad cenam invitare deberet; porcum[1] se necaturum esse, ut se suosque carne eius aleret, non ut cum vicinis diem festum ageret; vereri enim sese, ne porcum[1] devorarent totum; quo modo eam impensam[2] evitare posset.

His verbis auditis ille respondit:

„Cur tam anxius es? Noli desperare! Dic: Porcus[1] noctu furto mihi ablatus est.“	cur tam anxius esset; ne desperaret; diceret porcum[1] noctu furto sibi ablatum esse.

Et ablatus est noctu ille porcus[1]. Quod cum ille homo avarus cognovisset, ad amicum properavit dixitque:

„Quid faciam? Noctu porcus[1], quem heri cecidi, mihi furto ablatus est.“	quid faceret; noctu sibi porcum[1], quem proximo die cecidisset, furto ablatum esse.

Tum amicus:

„Recte facis“, inquit; „ita enim te docui loqui.“	recte eum facere dixit; ita enim se eum loqui docuisse.

Cum ille saepius iuraret id verum esse,

„Bene agis“, inquit, „et secundum[3] consilium meum.“	bene eum agere dixit et secundum[3] consilium suum.

Cum ille iurare non desineret, respondebat:

„Ut hoc modo loqui deberes, antea te monui, et bonum consilium dedi tibi.“	ut eo modo loqui deberet, se eum antea monuisse et bonum consilium ei dedisse.

Tandem ille avarus illusus abiit.

[1] porcus: Schwein [2] impēnsa: Aufwand [3] secundum (m. Akk.): entsprechend

B De Masinissa rege

Insula est Melita, in qua est oppidum eodem nomine. Ab eo oppido non longe in promunturio[1] templum est Iunonis antiquum, quod tanta religione fuit, ut semper inviolatum[2] sanctumque fuerit. Memoriae proditum est classe Masinissae regis ad eum locum appulsa ducem navium dentes eburneos[3] incredibili magnitudine e templo abstulisse et eos in Africam portasse Masinissaeque donasse. Regem primo gavisum esse dono; postea, ubi audisset, unde essent, statim certos homines in nave celeri misisse, ut eos dentes referrent. Itaque in dentibus ipsis scriptum litteris Punicis fuit Masinissam imprudentem accepisse, re cognita curasse, ut referrentur.

[1] prōmunturium: Vorgebirge [2] inviolātus: unverletzt [3] eburneus: Elfenbein-

C

1. Vergleiche in A die Hauptsätze der linken Spalte mit den entsprechenden Formulierungen der rechten Spalte!

2. Welche gemeinsamen Kennzeichen haben in A alle Gliedsätze der rechten Spalte?

D

Die Vorsilbe in- *bedeutet*
a) dasselbe wie die deutsche Vorsilbe un-: *Sie kehrt die Wortbedeutung ins Gegenteil um:*
prudens: *klug* – imprudens?
Erkläre ebenso: immobilis; improbus; incredibilis; invitus; ignotus; immortalis; impius; incautus; infelix; inimicus; iniustus; inutilis; invictus;
b) hinein-; an-; auf-: imminere (minari); incitare; incendere; inferre; inire; investigare; invadere; invenire; imponere.

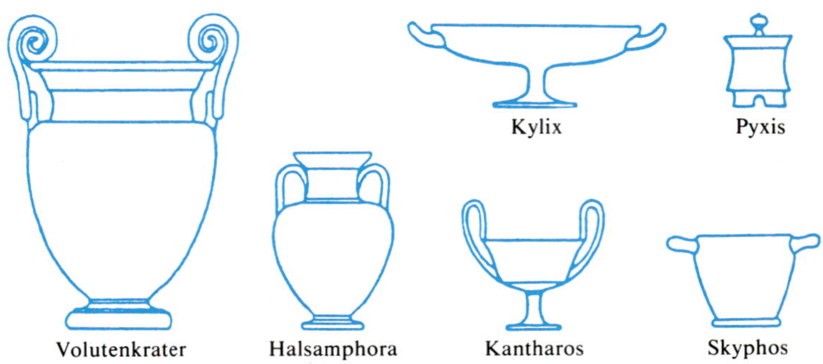

Griechische Gefäße. *Kratér:* großes offenes Gefäß zum Mischen von Wein und Wasser; *Ámphora:* großer Tonkrug mit zwei Henkeln; *Kýlix:* Trinkschale; *Kántharos:* Becher mit hohen Henkeln; *Pýxis:* Gefäß mit Deckel für Schmuck, Salbe u.a.; *Skýphos:* Trinkgefäß.

E Quo modo Pamphilus scyphos[1] argenteos[2] a Verre servaverit

Inter multos homines improbos, quos C. Verres praetor secum in Siciliam duxerat, duo fratres erant, qui mirabili modo omnia sic pervestigabant[3], ut nullum vas aëneum[4], quod maiore opere et arte factum esset, non investigarent. M. Tullius Cicero, cum C. Verrem propter ea facinora, quae in Sicilia commisisset, accusaret, hanc quoque rem iudicibus rettulit:

Mit Girlanden verzierter Becher aus dem Hildesheimer Silberschatz (über 60 Silbergefäße aus römischer Zeit, 1865 bei Hildesheim gefunden).

Memini Pamphilum, amicum et hospitem meum, mihi narravisse, cum iste C. Verres ab sese hydriam[5] praeclaro opere et magno pondere per vim abstulisset, se tristem domum revertisse, quod vas eius modi, quod sibi a patre et maioribus esset relictum, a se esset ablatum. Cum consedisset domi tristis, accurrisse nuntium et iussisse se scyphos[1] ornatos ad praetorem statim afferre; permotum se esse dixit; duos se habere; iussisse se apportari utrumque, ne plus mali fieret, et secum ad praetoris domum ferri.

Eo cum venisset, praetorem dormivisse; illos duos homines improbos adfuisse. Quos, ubi se ipsum vidissent, interrogavisse, ubi essent scyphi[1]. Se tristem eos ostendisse, illos laudavisse. Tum se coepisse queri se nihil habiturum, quod paulo pretiosius esset, si etiam scyphi[1] essent ablati. Tum illos, ubi se tristem vidissent, interrogavisse, quid sibi dare vellet, ne illi scyphi[1] auferrentur. Sestertios[6] mille illos postulavisse, se daturum dixisse. Interea praetorem vocavisse, postulavisse scyphos[1]. Tum illos coepisse praetori dicere putasse se id, quod audissent, pretiosos esse scyphos[1]; vilissimos autem eos esse, non dignos, quos in suo argento Verres haberet. Dixit ille idem sibi videri. Ita Pamphilus cum scyphis[1] suis domum revertit.

[1] scyphus: Becher [2] argenteus: silbern [3] pervestīgāre: durchstöbern [4] aēneus: aus Bronze; Bronze- [5] hydria: Wasserkrug [6] sēstertius: der Sesterz

S **Römisches Recht.** Die Entwicklung des Rechts und der Rechtsprechung gehört zu den großen Leistungen der Römer.

Die älteste uns bekannte Gesetzessammlung Roms sind die „Zwölf Tafeln" (*duodecim tabulae*) aus dem 5. Jahrh. v. Chr., die öffentlich aufgestellt waren. Die Weiterentwicklung des Lebens ließ diese Rechtsvorschriften „unvollständig" und auslegungsbedürftig werden. Neue Gerichtsurteile lieferten nun immer wieder Vorbilder für künftige Entscheidungen (Präzedenzfälle). Jeder Prätor veröffentlichte zu Beginn seines Amtsjahres ein *edictum* (Verordnung; Erlaß), in dem er mitteilte, nach welchen Grundsätzen er Recht sprechen werde. Umfassendere Rechtsvorschriften waren von der Volksversammlung (*comitium*) beschlossene Gesetze (*leges*) oder die von der Versammlung der *plebs* gefaßten Volksbeschlüsse (*plebiscita*). Beschlüsse des Senats (*senatus consulta*) konnten ebenfalls Gesetzeskraft erlangen. Die Ordnung, die die rechtlichen Verhältnisse unter römischen Bürgern regelte, hieß *ius civile*; für Rechtsgeschäfte zwischen Römern und Nichtrömern entwickelte sich das *ius gentium*. Das römische Recht galt im ganzen *imperium Romanum*.

Im *Privatprozeß* (Zivilprozeß), bei dem etwa Eigentumsfragen verhandelt wurden, gab es zunächst eine öffentliche Vorverhandlung vor dem Prätor. Er stellte fest, worum es in der Streitsache ging und ob die Klage berechtigt war. War sie es nicht, kam es gar nicht zu einem Prozeß. Im anderen Fall bestimmte der Prätor den Richter für die nun folgende zweite Verhandlungsrunde. Erst hier erfolgte das Urteil mit den Worten *condemno* – „ich spreche schuldig" oder *absolvo* – „ich spreche frei". In dieser entscheidenden Verhandlung vertraten oft „Rechtsanwälte" (*oratores*) ihre Mandanten; es kam dabei nicht nur auf Sachverstand, sondern auch auf die Wirkung der Rede an. Der *Strafprozeß* untersuchte Vorgänge, die die Ordnung der gesamten *res publica* bedrohten: Amtsmißbrauch, Bestechlichkeit, Hochverrat, Münzfälschung, Gewaltverbrechen. Einen Staatsanwalt gab es nicht; jeder Bürger konnte Anklage erheben. In der Kaiserzeit hatte der Kaiser die oberste Rechtsaufsicht und letzte Entscheidung inne.

Der Kaiser *Justinian* ließ 528 n. Chr. aus allen früheren „Rechtsquellen" (Urteilen, Gesetzen und wissenschaftlichen Gutachten) ein Gesetzeswerk schaffen: das *corpus iuris civilis*. Es war Vorbild auch für unser heutiges Bürgerliches Gesetzbuch (BGB).

Lectio Vicesima Tertia

A De Dianae statua

Antiquis temporibus multas terras ad mare Internum sitas divitiarum plenas fuisse scimus. Etiam Sicilia insula olim rebus pretiosis completa fuisse dicitur. Illis temporibus Sicilia nondum Romanorum erat. Segesta est oppidum antiquum in Sicilia situm, quod ab Aenea e Troia fugiente conditum esse fertur. Quod oppidum, cum illa civitas cum Poenis bellum gereret, a Carthaginiensibus vi captum atque deletum esse narratur; quo bello confecto Poeni omnia, quae urbi ornamento esse possent, Carthaginem deportaverunt. Etiam statuam Dianae ex aere confectam Carthaginem translatam esse traditum est. Quae statua magnae pulchritudinis fuisse videtur. Carthaginienses non modo hominibus, sed etiam dis[1] immortalibus bellum indixisse videntur. Haec autem statua Carthaginem translata locum hominesque tantum mutarat, religionem antiquam servabat. Nam propter magnam pulchritudinem etiam hostibus digna, quae magna cum pietate coleretur, videbatur.

Nonnullis saeculis post P. Scipio Carthagine capta sibi magnae curae fore, ut illa statua Segestanis redderetur, pollicitus est. Imperatoris enim Romani esse existimabat sociis amicisque adesse et, quae cuiusque civitatis fuissent, bello confecto reddere.

[1] dīs = deīs

Der Tempel von Segesta auf Sizilien, erbaut um 420 v. Chr.

B –

C *In A steht das Hilfsverb* esse *in Verbindung mit verschiedenen Kasus. Stelle diese Verbindungen zusammen, und bestimme die Funktion dieser Kasus!*

D *1. Übersetze:* 1. id fieri posse 2. quam maximis (potest) itineribus 3. quam celerrime (potuit) 4. controversias minui posse 5. quo adire potuerant 6. quod retineri non potuerant 7. sese pacem emere potuisse 8. odisse se Carthaginienses 9. Romanos portus novisse 10. populum Romanum imperare consuesse 11. quod alio se consilio venisse meminerat 12. quod accidere consuevit 13. ut consueverat 14. celerius, quam consuerat 15. ut suum quisque locum teneat et noverit.

2. Substantive auf -mentum *sind von Verben abgeleitet; sie bezeichnen das Mittel oder das Ergebnis eines Vorganges:*

ornare: *schmücken* – ornamentum?
monere: *erinnern; ermahnen* – monumentum?
frui: *genießen* – frumentum?
impedire: *hindern* – impedimentum?
torquere: *drehen; foltern* – tormentum?

Erkläre: Dokument; Firmament; Instrument; Moment; Regiment.

E De tauro aëneo[1]

Bello Punico tertio confecto P. Scipio non modo Segestanis, sed omnibus Siciliae civitatibus eas res, quae olim a Carthaginiensibus e Sicilia sublatae erant, reddere conatus est. Omnes igitur res, quae a Romanis in Carthagine capta repertae erant, conquiri iussit Siculisque reddi, quae cuiusque civitatis fuerant. Quibus in rebus etiam taurus ex aere confectus fuisse dicitur, qui olim Agrigentinorum fuerat.
Hunc taurum crudelissimus omnium tyrannorum, Phalaris, habuisse dicitur atque in eum supplicii causa vivos homines demittere solitus fuisse fertur. Flammis subiectis illi homines miseri in tauro inclusi crudelissimo modo interfecti esse dicuntur. Qua de causa hic taurus Agrigentinis semper magno terrori fuerat.
Quem taurum cum Scipio redderet Agrigentinis, dixisse dicitur aequum esse illos cogitare, utrum esset Siculis utilius suis servire tyrannis an populo Romano parere; nam idem esse monumentum et domesticae[2] crudelitatis et clementiae Romanae.

[1] aēneus: aus Bronze; Bronze- [2] domesticus: heimisch; heimatlich

Der Stier des Phalaris.
Darstellung auf einem Stich des 16. Jahrh.s.

S **Griechenland und Rom.** Um 750 v. Chr. wanderten Griechen aus dem engen Mutterland aus und gründeten in der Folgezeit zahlreiche neue Siedlungen an den Küsten des Mittelmeers. Neapel, Tarent, Syrakus und andere Städte in Unteritalien und auf Sizilien sind Gründungen der Griechen; von hier aus entwickelten sich früh Kontakte zu den Römern. Gegen 240 v. Chr. waren diese Griechenstädte alle von Rom abhängig. Im 2. Jahrh. v. Chr., nach dem Sieg über Hannibal und Karthago, eroberten die Römer in mehreren Kriegen auch das Gebiet des griechischen Mutterlandes.

Die Provinzen in Westeuropa und Nordafrika wurden „romanisiert", das heißt, sie übernahmen die römische Kultur und die lateinische Sprache. Die Eroberung Griechenlands wirkte eher umgekehrt. Die griechische Kultur: Dichtung, Malerei, Bildhauerkunst, Baukunst und vor allem Philosophie und Naturwissenschaft machte auf die Römer einen überwältigenden Eindruck. Die Römer lernten, oft begeistert, von den militärisch überwundenen Griechen. Der Dichter *Horaz,* ein durchaus selbstbewußter Römer, hat diese „Hellenisierung" Roms so beschrieben (ep. II 1, 156f.):

Graécia cápta ferúm victórem cépit et ártes
íntulit ágrestí Latió ...
(ferus: roh   agrestis, e: bäuerlich)

Für einen gebildeten Römer wurde es selbstverständlich, Griechisch sprechen zu können und die Literatur der Griechen zu kennen. Reiche Römer hatten in ihrem Haus griechische Sklaven oder Freigelassene als Lehrer, Gelehrte und Ärzte. Der römische Staatsmann, Redner und Philosoph *M. Tullius Cicero* (106–43 v. Chr.) schrieb nach griechischem Vorbild und nach Anregungen griechischer Philosophen über philosophische und religiöse Themen sowie über die Theorie der Rhetorik (Redekunst). Viele griechische Fachausdrücke, für die die Römer zuvor keinen Begriff hatten, übertrug Cicero erstmalig ins Lateinische. Durch seine Sprachkunst wurde das ältere schlichte Latein zur Weltsprache der Wissenschaft, die es in Westeuropa bis zum Beginn der Neuzeit geblieben ist.

Lectio Vicesima Quarta

A Navis oneraria[1] a piratis capitur

Navis oneraria[1] in mari alto cursum in Africam tenebat, cum subito gubernator[2] clamavit: „Vela facere[3] et properare debemus. Quam celerrime portus nobis capiendus est; nam navis illa parva, quae post nos apparuit, piratarum navis videtur esse. Qua de causa properandum nobis est, ne a piratis capiamur.“

His verbis auditis alii omnia ad piratas arcendos paranda esse censuerunt, alii navem piratarum esse negaverunt. In hac controversia non animadverterunt omnem vim venti, ut meridie consuevit, cecidisse. Mare tranquillum erat, et illa navis parva remis[4] incitata opinione celerius appropinquabat. Paulo post non iam erat dubitandum, quin piratae essent.

Alii pugnandi causa arma capienda, alii fugiendi causa naviculam[5] conscendendam esse clamabant. Piratae, cum quam proxime advenissent, eos navem relinquere et illa navicula[5] se servare iusserunt. Tum gubernator[2]: „Navis mihi neque relinquenda neque piratis tradenda est, cum salus hominum mercesque mihi commissae sint.“ Quo audito audacissimus piratarum clamavit: „Non verbis, sed gladio victoria parienda est.“ Deinde in navem onerariam[1] transiluit et gladio eum interfecit. Tum mercator, cuius navis erat, navem piratis diripiendam dedit, ne omnibus moriendum esset.

Piratae cum nave oneraria[1] se in latebras suas receperunt. Ibi praedam inter se diviserunt et captivos vendendos curaverunt paucis tantum exceptis; quos a propinquis magno pretio redimendos dixerunt.

[1] onerārius: Last- [2] gubernātor, -ōris m.: Steuermann [3] vēla facere: „Segel setzen“ [4] rēmus: Ruder; Riemen [5] nāvicula: Rettungsboot

B De aedituo[1], qui erat doctior suo parocho[2]

Aedituus[1] quidam ministravit ad altare[3] parocho[2] suo, viro minime docto. Hic cum tempore offertorii[4] calicem[5] peteret, dixit: „Ubi est calicem[5]?“

Cui aedituus[1]: „Domine, non sic, sed ‚calix[5]‘ dicendum est.“ Tum respondit parochus[2]: „Da mihi calix[5]!“ Cui aedituus[1]: „Domine, non sic dicendum est, sed ‚calicem[5]‘.“ Ad quem tum parochus[2]: „Abi ad malam crucem cum tua logica[6] – gib mir den Kelch her!“

[1] aedituus: Küster [2] parochus: Pfarrer [3] altāre, -ris n.: Altar [4] offertōrium: Meßopfer [5] calix, calicis m.: Kelch [6] logica: Logik; Spitzfindigkeit

C *In welchen Kasus drückt eine* nd-*Form aus, daß etwas geschehen muß bzw. nicht geschehen darf?*

D *Infinitiv,* nd-*Form oder Partizip?*
Übersetze: 1. navem piratis capiendam 2. nave a piratis capta 3. piratis navem capientibus 4. in navibus capiendis 5. in navibus captis 6. navis piratis capienda erit 7. navibus captis 8. navis capienda non est 9. piratas navem celerius capturos esse 10. de nave capienda 11. navis capiendae causa 12. navem captam esse 13. ad navem capiendam 14. nave capta 15. piratas naves capturos esse 16. spem navium capiendarum 17. navis piratis capienda est 18. naves non capiendas 19. naves captas esse 20. naves piratis capiendae non essent.

E Quo modo Caesar piratas ultus sit

Caesar adulescens hieme Rhodum traicere constituit, ut apud clarissimum eius temporis magistrum artem dicendi disceret. Haec ars ei discenda erat, quod rem publicam capessere[1] constituerat. Durissimo autem anni tempore sibi navigandum esse existimavit, quod piratas, qui ubique in mari Interno praedandi causa versarentur, eo tempore anni in latebris suis mansuros esse sperabat. Piratae autem, cum adulescentem nobilem Rhodum profectum esse audissent, eam occasionem sibi non esse praetermittendam arbitrati navem eius ceperunt. Quadraginta fere dies Caesar in potestate eorum retinebatur, dum ii, quos ad pecunias cogendas ad amicos suos dimiserat, reverterentur. Deinde solutis quinquaginta talentis[2] in litore expositus est. Piratas persequendos et puniendos esse arbitratus quam celerrime Miletum profectus est et proconsulem adiit. Qui Caesari adulescenti classem in piratas ducendam dedit. Caesar, cum piratas cepisset, nemini eorum parcendum esse censuit; ad unum omnes supplicio afficiendos curavit.

[1] rem pūblicam capessere: „die politische Laufbahn einschlagen" [2] talentum: Talent (26,2 kg Silber) [3] prōcōnsul, -sulis m.: Prokonsul; Statthalter

S **Handel.** Seit ältesten Zeiten gab es im Mittelmeerraum einen regen Handelsverkehr. Das Risiko für die Kaufleute war freilich immer groß: Nur selten waren die Transportwege zu Lande und zu Wasser sicher. Eine besondere Plage der Handelsschiffahrt war die Seeräuberei. Im 1. Jahrh. v. Chr. gelang es den Piraten zeitweilig, das gesamte Mittelmeer unter ihre Kontrolle zu

Kleine Bronzestatue des Gottes Merkur aus dem Römerfund von Weißenburg (1979).

bringen und Handelsfahrten nahezu unmöglich zu machen. Der römische Staat griff ein. Es wurden regelrechte Kriege geführt, um das Piratenunwesen zu beseitigen. 1300 Piratenschiffe wurden damals verbrannt, 300 im Kampf erobert.

In der Kaiserzeit nahmen die zum Römischen Reich gehörenden Gebiete einen großen wirtschaftlichen Aufschwung. Die *pax Romana* förderte ungestörte Handelsbeziehungen im ganzen *imperium Romanum.* Die aufstrebenden Provinzen trieben nicht mehr nur mit dem zentralen Italien Handel, sondern auch untereinander. Das *imperium Romanum* entwickelte sich im 1. und 2. Jahrh. n. Chr. zu einem geschlossenen und sich selbst versorgenden Wirtschaftsgebiet. Handelsverbindungen bestanden bis nach Arabien, Indien und China. Nordafrika oder Ägypten exportierten Getreide, Metalle kamen von der Iberischen Halbinsel, Luxusartikel aus Italien, Griechenland oder dem Orient, Töpferwaren und Glas aus Gallien und dem Rheinland, exotische Tiere aus Afrika oder Asien, Leder und Pelze vom Nordrand des Reiches, und nicht zuletzt lieferten die Randgebiete des Imperiums auch Sklaven.

Ein stabiles Währungs- und Münzsystem förderte den blühenden Handel. Die geprägte Münze war der wichtigste Gegenwert für die Waren. Es gab aber auch Ansätze zu bargeldlosem Zahlungsverkehr, und für den Warentransport waren sogar Versicherungen möglich.

Der Lebensstandard stieg allgemein, vor allem in den größer werdenden Städten. Die Handwerker stellten sich darauf ein und belieferten die Verbraucher mit einer Vielzahl von Produkten. Die Lebensgewohnheiten der Menschen, die Ausstattung ihrer Wohnungen, ihre Gebrauchsgegenstände glichen einander im ganzen Imperium: Bei allen sozialen Unterschieden gab es eine einheitliche Zivilisation.

Das Ende des Römischen Weltreiches bedeutete auch ein Ende des ausgebauten Wirtschaftssystems und der weitreichenden Handelsbeziehungen. Europa zerfiel in kleinräumige Handelsgebiete mit ländlicher Struktur. Auch die Naturalwirtschaft (Ware gegen Ware) kam zum Teil wieder auf.

Lectio Vicesima Quinta

A Quo modo miles[1] quidam praelatum[2], fratrem suum, dolo deceperit

Praelatus[2] quidam equum optimum habuit; quo viso frater eius, qui erat miles[1], toto animo cupiebat, ut eum haberet eoque uteretur in torneamentis[3]. Sed fratrem saepius precatus nullo modo permovere potuit, ut equum sibi daret. Ille enim ne partitis quidem temporibus se una cum fratre equo uti velle dicebat. Cum autem militem[1] ea re valde dolentem vidisset, tristitia eius permotus denique ei concessit, ut tres dies illo equo uteretur.

Tum miles[1] accedens ad capellanum[4] praelati[2] diligenter interrogabat, quae verba frater in equitando diceret saepissime. Is autem non diu cunctatus „Praelatus[2]“, inquit, „in equitando precationes[5] suas dicit, neque ullum verbum saepius dicit quam illud, quod in principio cuiusque precationis[5] est: Domine, in adiutorium meum intende![6]“ Quo audito miles[1] equum conscendit. Equitans autem iterum atque iterum dicebat: „Domine, in adiutorium meum intende![6]“ equo vehementer calcaribus[7] incitato. Tribus diebus equum ita instruxit, ut, cum ea verba audivisset, calcaria[7] veritus magnos saltus[8] faceret et vix retineri posset.

Postridie praelatus[2] equitavit fratre comitante, ut finem videret. Et dicente praelato[2], ut solitus erat, „Domine, in adiutorium meum intende![6]“ equus magnos saltus[8] fecit calcaria[7] timens. Quod cum saepius factum esset praelato[2] valde territo et paene deiecto, miles[1] „Frater carissime“, inquit, „iste equus idoneus non est, qui a te conscendatur. Tu enim persona gravis es, et, si forte caderes, graviter laedereris.“ Tum ille multa de saevitia equi questus dixit: „Antea hic equus bene me ferre solebat; nunc autem eum nulla causa data saevum factum esse intellego. Itaque tibi dono do, quamquam doleo, quod equum optimum amisi.“ Et simul descendens „Accipe illum“, inquit; „magis idoneus est militi[1] quam praelato[2].“ Miles[1] autem dolentem confirmavit et cum illo equo diu sibi optato domum contendit valde gavisus, quod fratrem dolo fefellerat.

[1] mīles, -litis, m.: hier: Ritter [2] praelātus: Prälat [3] torneāmentum: Turnier [4] capellānus: Kaplan [5] precātiō, -ōnis f.: Gebet [6] Domine, in adiūtōrium meum intende! (Psalm 69,2): „Hilf mir, o Herr!“ [7] calcar, calcāris n.: Sporn [8] saltus, -ūs m.: Sprung

B –

C *Lies die Zeilen 2–8 und 13–18 von A noch einmal durch und bestimme,*
a) welche Arten gedanklicher Fügung zwischen Partizipien und übergeordneten Verben bestehen;
b) in welchem Zeitverhältnis die Partizipien zum jeweils übergeordneten Verb stehen!

D –

E Columbus terram novam invenit

Kolumbus und seine Mannschaft landen 1492 auf der Insel Haïti:
Ibi terram ingressi incolas eius insulae viderunt, qui venientem novam gentem conspicati in densas silvas omnes timidi sese fugientes recipiebant. Nostri multitudinem persecuti mulierem tantum ceperunt et ad naves duxerunt; nostris cibis et vino bene saturatam[1] vestibusque ornatam – nam ea gens omnis nuda vitam agebat natura contenta – ad litus rursus portaverunt.
Haec ubi ad suos revertit – sciebat enim illa, quo fugientes se recipere consuessent – ostenditque mirabilem esse nostrorum ornatum et liberalitatem[2], omnes ad litus statim cucurrerunt; nostros enim de caelo missos arbitrabantur. Aurum, cuius erat apud illos magna copia, ad naves natando portabant; pro minimis fragmentis rerum vilissimarum aurum mutabant. Si speculi[3] fragmentum, si aliam rem similem nostri monstrabant, tantum auri, quantum petere placebat, afferebant.
Cum iam res ad familiare commercium[4] venisset et gentis mores nostri intellegere conarentur, eos regem habere cognoverunt. E navibus descendentes nostri ab eo rege et reliquis incolis magnis honoribus recipiebantur. Sole occidente nostris Christiano ritu genua[5] flectentibus idem illi faciebant. Crucem quoque, cum Christianos eam colere conspicerent, adorabant.

[1] saturāre: sättigen [2] līberālitās, -ātis f.: Freigebigkeit [3] speculum: Spiegel
[4] familiāre commercium: „vertrauter Umgang“ [5] genū, -ūs n.: Knie

S **Latein und die europäischen Sprachen.** Westeuropa ist grundlegend von der lateinischen Sprache und Kultur geprägt. Spanien und Portugal, Frankreich, die Benelux-Länder, Großbritannien, ein Teil der Bundesrepublik Deutschland, die Schweiz, Österreich oder Rumänien und natürlich Italien selbst gehörten einst zum *imperium Romanum.* Im 5. Jahrh. n.Chr. zerfiel das Römische Reich, doch in den früheren Provinzen blieb viel Gemeinsames erhalten.

Kolumbus auf der Insel Haïti. Stich aus dem 16. Jahrh.

Latein, einst die verbindende Sprache, ist noch heute ein Schlüssel zum europäischen Wortschatz.
Ab 600 n. Chr. wird in Europa das antike Latein fast nur noch von Diplomaten, Gelehrten und Klerikern verwendet; es bleibt als Schrift- und Literatursprache erhalten. Aus der Umgangssprache, dem Vulgärlatein (*vulgus* – Volk), entwickeln sich die sog. *romanischen Sprachen*: unterschiedliche Nationalsprachen, aber „Töchter" des Lateinischen, deren Zusammenhang mit der „Mutter"sprache deutlich erkennbar ist. Die bekanntesten sind Italienisch, Spanisch, Französisch und Portugiesisch. Aber auch im Deutschen und im Englischen, deren Sprachentwicklung teilweise anders verlaufen ist, gibt es viele Wörter lateinischen Ursprungs; im Englischen sind es sogar etwa 50 Prozent.

Latein	Ital.	Span.	Port.	Franz.	Engl.	Deutsch
amicus	amico	amigo	amigo	ami	(friend)	(Freund)
Augustus	agosto	agosto	agusto	août	August	August
familia	famiglia	familia	familia	famille	family	Familie
hora	ora	hora	hora	heure	hour	(Stunde)
luna	luna	luna	luna	lune	(moon)	(Mond)
porta	porta	portada	portada	porte	(door)	Pforte (Tür)

Als um 1500 n. Chr. Europäer neue Kontinente entdeckten und eroberten, trugen sie auch ihre Nationalsprachen lateinischer Herkunft in die Neue Welt. So spricht man z. B. heute in Brasilien Portugiesisch, in einem Teil Kanadas Französisch, in Argentinien und den meisten anderen Staaten Lateinamerikas bis in den Süden der USA Spanisch.

Lectio Vicesima Sexta

A De quodam carbonario[1]

Rex quidam perfidia furtoque trium hominum nobilium thesaurum[2] magnum amisit. Qui praemium maximum promisit ei, qui sibi monstraret, ubi thesaurus[2] inveniri posset.

Ea, quam rex ille tenebat, urbs silvis magnis circumdata erat, qua in regione carbonarius[1] pauper habitabat. Is cum praemium ei, qui thesaurum[2] inveniret, homini a rege expositum esse audivisset, statim in urbem sibi properandum esse constituit, ut, nisi praemium, tamen nonnullis diebus cenam bonam acciperet.

Qua re constituta regem adiit seque eum, qui amissus esset, thesaurum[2] die tertio allaturum esse pollicitus est. Rex eum in cubiculo[3] quodam includi iussit et ministros misit, qui optimos cibos afferrent.

Prima nocte, cum iam optime cenavisset: „Deus bene vertat, unus iam accessit", dixit credens unum iam diem paene praeterisse. Stabat autem unus eorum, qui thesaurum[2] abstulerant, ante cubiculum[3], ut cognosceret, quid ille faceret; qui statim ceteris, quae audierat, nuntiavit. Proxima nocte alius furum observabat, quid carbonarius[1] ageret. Qui cum bene cenavisset, dixit ut antea: „Secundus accessit." Quibus verbis auditis ille quoque suis, quae carbonarius[1] dixerat, rettulit. Et cum tertius tertia nocte venisset, dixit: „Tertius et ultimus adest."

Tum, qui furtum fecerant, nobiles thesauro[2] allato carbonarium[1] rogaverunt, ut thesaurum[2] regi redderet furibus non proditis. Quem cum ille tertio die regi afferret, multo maius eo, quod exspectaverat, praemium accepit, et usque ad finem vitae occulta cognoscere et futura providere credebatur honoribus maximis a rege populoque affectus.

[1] carbōnārius: Köhler [2] thēsaurus: Schatz [3] cubiculum: Schlafzimmer

B Geflügelte Worte

1. Quod licet Iovi, non licet bovi. 2. Qui tacet, consentire[1] videtur. 3. Quae medicamenta[2] non sanant, ferrum sanat; quae ferrum non sanat, ignis sanat; quae vero ignis non sanat, insanabilia reputari[3] oportet. 4. Non, quae praeteriit, hora redire potest. 5. Grata superveniet[4], quae non sperabitur, hora. 6. Caelum, non animum mutant,

qui trans mare currunt. 7. Quam quisque norit artem, in hac se exerceat! 8. Qui peccare se nescit, corrigi non vult. 9. Quae nocent, docent.

[1] cōnsentīre: zustimmen [2] medicāmentum: Medikament [3] reputāre = putāre
[4] supervenīre: dazukommen; erscheinen

C *1. Ermittle in A*
a) die Beziehungswörter der Relativsätze;
b) die auf die Relativsätze hinweisenden Demonstrativpronomina!

2. Bestimme, welches Satzglied die Relativpronomina in B jeweils sind!

3. In den Epigrammen in E gibt es Wiederholungen (Redundanzen) und Gegenüberstellungen (Antithesen). Stelle sie für jedes Epigramm zusammen, und überlege, welche Wirkung sie haben!
Untersuche auch den Satzbau (Wortstellung) auf Besonderheiten und Auffälligkeiten!

D *1. Wortwurzel* sta-: stare; statim; statua; stabulum; constare; constat; constantia; praestare; constituere; consistere; desistere; resistere.

2. Adjektive auf -ilis *oder* -bilis *teilen mit, daß etwas machbar ist (deutsch:* -lich*;* -bar*).*
sanare – (in)sanabilis; facere – facilis; difficilis
Erkläre ebenso: utilis; inutilis; immobilis; incredibilis; horribilis; mirabilis.

E Martialis epigrammata [1]

Quem recitas, meus est, o Fidentine, libellus [2];
sed male cum recitas, incipit esse tuus. (I 38)

Versiculos [3] in me narratur scribere Cinna.
Non scribit, cuius carmina nemo legit. (III 9)

Ne laudet dignos, laudat Callistratus omnes.
Cui malus est nemo, quis bonus esse potest? (XII 80)

Nuper erat medicus, nunc est vispillo [4] Diaulus:
Quod vispillo [4] facit, fecerat et medicus. (I 47)

Omnia promittis, cum tota nocte bibisti,
mane nihil praestas [5]. Pollio, mane bibe! (XII 12)

[1] epigramma, -matis n.: Epigramm [2] libellus: Büchlein [3] versiculus: Verslein; Gedichtchen [4] vispillō, -ōnis m.: Leichenträger [5] praestāre: erfüllen

Ein Arzt untersucht einen Kranken. Steinrelief.

S **Antike Medizin.** In den ältesten Zeiten glaubten die Menschen, Krankheiten seien durch Zauber bewirkt, von bösen Geistern oder von Gottheiten gesandt. Die Erkenntnis, daß Krankheit ein natürlicher Vorgang ist, natürliche Ursachen hat und entsprechend behandelt werden muß, bildete sich im 5. Jahrh. v. Chr. in Griechenland heraus. Ein Zentrum dieser neuen Medizin war die Ärzteschule auf der Insel Kos. Dort lehrte *Hippokrates* (etwa 460–377 v. Chr.), der bedeutendste Arzt der Antike. Auf ihn wird auch der sog. „Eid des Hippokrates" zurückgeführt, mit dem Ärzte sich verpflichten, ihr Wissen nur zum Wohle ihrer Patienten einzusetzen: „Ärztliche Verordnungen werde ich treffen zum Nutzen des Kranken nach meiner Fähigkeit und meinem Urteil, hüten aber werde ich mich davor, sie zum Schaden und in unrechter Weise anzuwenden."

Seit dem Ende des 3. Jahrh.s v. Chr. gelangte die griechische Medizin u. a. durch Sklaven (*servi medici*) nach Rom, wo Kranke bis dahin meist vom Familienoberhaupt, dem *pater familias,* mit einfachen Hausmitteln behandelt worden waren. Dem Können der griechischen Ärzte begegnete man teilweise zunächst mit Mißtrauen. Eine griechische Wissenschaft blieb die Medizin auch später. Noch der letzte große Arzt der Antike, *Galen* (129–199 n. Chr.), war Grieche und schrieb griechisch.

Anfangs war das soziale Ansehen der Ärzte in Rom gering. Das änderte sich jedoch in der Kaiserzeit. Neben selbständig praktizierenden Ärzten gab es vom Staat oder von Städten angestellte Ärzte. Sie versorgten die ärmere Bevölkerung kostenlos und kümmerten sich in öffentlichen Einrichtungen, z. B.

den Thermen, um Hygiene und Sauberkeit. Die Spezialisierung zu Fachärzten begann schon früh. Die ersten waren die Zahnärzte; wir kennen aber beispielsweise auch Rezepte für Salben und Tropfen von Augenärzten. Chirurgen nähten Wunden, schienten Brüche, entfernten Gallen- und Blasensteine, führten sogar Schädeloperationen durch. Schwieriger als der chirurgische Eingriff war die Versorgung des Patienten nach der Operation, etwa wenn es darum ging, seine Wunde keimfrei zu halten. Einfache ärztliche Instrumente wie Skalpell, Sonde, Schere, Zange besaß auch schon der Arzt in der Antike, die Diagnose mußte er aber ohne technische Hilfen (Labor, Röntgenaufnahmen) stellen. Die sorgfältige Untersuchung des Kranken war deshalb besonders wichtig. Als Medikamente standen nur Naturheilmittel zur Verfügung, und mehr als ein moderner Arzt mußte der Arzt im Altertum auf die Kraft der Natur vertrauen: *Natura sanat, medicus curat* (Der Arzt pflegt, heilen kann nur die Natur).

Lectio Vicesima Septima

A De illo, qui voluit emere cantilenas[1]

Audivi de quodam agricola stulto, qui imminente die, quo sanctum vici sui celebrabant, profectus est ad proximi oppidi nundinas[2], ut cantilenas[1] emeret. Ibi autem homo quidam, quem iocosum[3] dolosumque esse notum erat, re audita agricolae „Saccum[4] tibi“, inquit, „plenum optimarum cantilenarum[1] vendam, quo empto sanctus vester maxime delectabitur.“ Quibus verbis dictis saccum[4] vespis[5] complevit, quas more suo in sacco[4] cantilenas[1] pulcherrimas effecturas esse sperabat. Agricola, cum vespas[5] in sacco[4] canentes audiret, valde gavisus dixit: „Si ita canunt intra saccum[4], quanto magis extra canent!“
Et cum attulisset saccum[4] die festo in plateam[6] ante ecclesiam sitam, quem in locum omnes incolas vici convenire solere sciebat, sacco[4] aperto vespae[5] ira et fame incitatae omnes homines aggressae sunt et pungendo[7] tantis doloribus affecerunt, ut maximis et luctuosissimis cantilenis[1] omnis ea regio compleretur. Agricola autem noster maxime punctus[7] effugit abiecto sacco[4], quem nisi emisset, tanto dolore affectus non esset.

[1] cantilēna: Lied [2] nūndinae (Pl.): Wochenmarkt [3] iocōsus: witzig [4] saccus: Sack [5] vespa: Wespe [6] platēa: Platz [7] pungō, pupugī, pūnctum, pungere: stechen

B –

C –

D *1. Lies die Begleitgrammatik zu Lectio XXVII, und übersetze dementsprechend:* 1. Milites Columbi ceperunt mulierem, quam nisi cepissent, incolas eius insulae non invenissent. 2. Incolae insulae multum auri apportabant, quo viso milites nautaeque valde gaudebant. 3. Columbus milites que eius, quos incolae terrae novae e caelo venisse credebant, a rege insulae magnis honoribus recepti sunt. – 4. Illi viri nobiles, quos thesaurum[1] regis rapuisse legimus, carbonarium[2] oraverunt, ne se proderet. 5. Carbonarius[2], quem in silvis habitavisse scimus, praemio a rege accepto apud omnes homines magno in honore erat.

[1] thēsaurus: Schatz [2] carbōnārius: Köhler

2. Verwechslungsgefahr!
Nenne die Grundform und das Tempus und/oder den Kasus: vici; vinci; vicini; vinciri; vincti; victi; victori; victoriis; victoris; victis; vinctis; vincis; vicinis; vinciris; vinceris; vincaris; viceras; vinceres; vincireris; vixeris; vinxeras; vinces; vincies; vicis; vicisti; viceritis; vixeritis; vinxeritis; vincam; vinciam; viverem; victorem; victoriam; victor; vincor; vincior.

3. Stelle aus D 2 die mehrdeutigen Formen zusammen, und bestimme sie!

E De sancto Sebastiano

Sebastianus vir Christianissimus Diocletiano et Maximiano imperatoribus tam carus erat, ut imperium ei primae cohortis traderent et eum in suo conspectu semper esse iuberent. Hic stipendia ad hoc tantum merebat, ut Christianorum animas, quas in tormentis videbat deficere, confirmaret.

Praefectus Diocletiano de Sebastiano rettulit, quo vocato imperator dixit: „Ego te inter primos in palatio[1] meo semper habui, sed tu iam diu contra salutem meam laboravisti.“ Cui Sebastianus: „Pro salute tua Christum semper colui, et pro imperio Romano Deum, qui in caelo est, semper adoravi.“ Tum Diocletianus iussit eum medio in campo vinciri et a militibus sagittis interfici; qui ita eum sagittis compleverunt, ut quasi ericius[2] videretur, et illum mortuum existimantes abierunt. Sebastianus autem Deo adiuvante refectus est.

Qui paucis diebus post imperatores e palatio[1] venientes propter mala, quae Christianis inferri iusserant, dure vituperavit. Dixerunt imperatores: „Istene est Sebastianus, quem sagittis interfici iussimus?“ Quibus Sebastianus: „Ad hoc me Dominus in vitam revocavit, ut convenirem vos et propter ea, quibus Christianos afficitis, mala vituperarem.“

Tum imperatores tam diu eum verberari iusserunt, dum animam efflaret, corpusque eius in cloacam[3] deiciendum curaverunt, ne a Christianis pro martyre[4] coleretur. Sanctus autem nocte sequente sanctae Luciae apparuit et ei aperuit, quo in loco corpus suum occultari imperatores iusserant, et, ut prope sepulcra apostolorum illud sepelirent, oravit; quod factum est.

[1] palātium: Palast [2] ērīcius: Igel [3] cloāca: Kloake (Abwasserkanal) [4] martyr, -tyris m.: Märtyrer

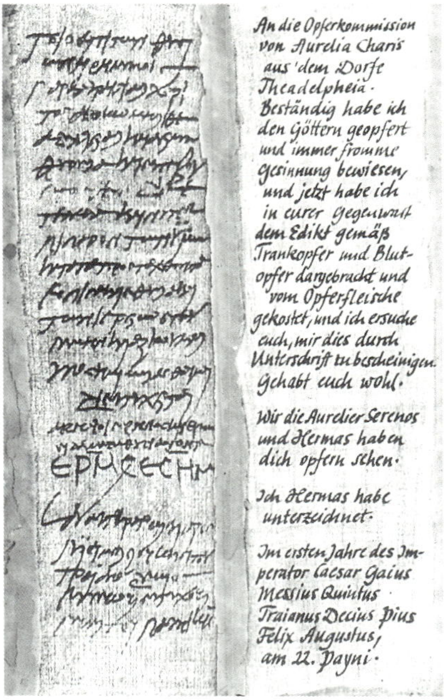

Urkunde, mit der das ordnungsgemäß verrichtete Opfer an die Götter bescheinigt wurde. Links das Original, rechts daneben die Übersetzung des griechischen Textes.

S **Rom und die Christen.** Die frühen Christen fielen durch ihre Lebensführung und ihren Zusammenhalt auf. Der neue Glaube fand zunächst bei sozial Schwächeren, dann aber auch in der Oberschicht Anhänger. Die Christen galten ursprünglich als eine religiöse Bewegung neben anderen, gerieten jedoch bald in eine Außenseiterrolle.

In Konflikt mit der Staatsmacht kamen sie um so mehr, je verpflichtender der *Kaiserkult* als römische Staatsreligion wurde: Der römische Kaiser galt als ein Mensch mit übermenschlicher Weisheit und Kraft und beanspruchte, wie ein Gott verehrt zu werden. Diesen Kaiserkult lehnten die Christen ab. An-

fangs hielt sich der Konflikt in Grenzen; auch die berüchtigten Christenverfolgungen unter Nero (Mitte des 1. Jahrh.s) waren noch eine einzelne Maßnahme. Unter den späteren Kaisern aber häuften sich - meist auf Anzeigen hin - Strafprozesse gegen Christen, die dem *genius* (göttlicher Geist) des Kaisers das Opfer verweigerten. Die Christen galten nun als staatsfeindlich. Einen Höhepunkt erreichte die Verfolgung von Christen um 250 unter Kaiser Decius: Bei einer allgemein geforderten *supplicatio* (Gebet und Opfer) an die römischen Götter verweigerten die Christen die Teilnahme. Jetzt setzten systematisch großangelegte Strafverfolgungen ein. Wer zu seinem Glauben stand, wurde gefoltert und grausam getötet; wer das - von vielen Christen freudig erlittene - Martyrium nicht ertragen wollte, überlebte nur, wenn er entweder opferte oder sich eine Opferbescheinigung erschlich. Die Christen verehrten Märtyrer wie Heilige, verachteten dagegen die „Verräter“ und schlossen sie aus den Gemeinden aus.
Nach erneuten schweren Verfolgungen unter den Kaisern Diocletian und Galerius (um 305) schlug die Entwicklung um: Kaiser Konstantin der Große ließ, so wird berichtet, vor der Entscheidungsschlacht gegen seinen Gegner Maxentius an der *Milvischen Brücke* nördlich von Rom (312) das Kreuz der Christen auf die Feldzeichen seiner Truppen setzen. Es heißt, im Traum habe ihm ein Engel das Kreuz mit den Worten gezeigt: *In hoc signo vinces.* Im Toleranzedikt von Mailand (313) wurde der christliche Glaube zugelassen; Konstantin selbst ließ sich jedoch erst auf dem Sterbebett taufen. 391 wurden alle anderen Kulte verboten, das Christentum wurde Staatsreligion.

Lectio Duodetricesima

A Qui totum vult, totum perdit

Olim erant tres socii, qui una iter faciebant. Accidit, ut nullum cibum praeter unum panem haberent. Fame magna premebantur, et alius alii dixit: „Si iste panis in tres partes divideretur, unicuique pars sua non sufficeret; vix uni soli totus panis satis esset. Consilium igitur ineamus, quo modo isto pane optime utamur!“
Tum dixit unus: „Hac in via dormiamus; et qui maxime mirabile somnium viderit, eius solius totus panis sit!“ Cum uterque socius „Bonum est consilium“ respondisset, alius alio loco dormiendi causa consedit.
Paulo post ille, qui consilium dederat, surrexit et sociis dormientibus panem totum devoravit neutrique socio ullam partem reliquit. Quo facto sociis excitatis dixit: „Surgite celeriter! Tempus est, ut quisque nostrum ceteris somnium suum narret.“

Zwei Illustrationen aus einer im 13. Jahrh. entstandenen Prachthandschrift der Bibel: Jakobs Traum von der Himmelsleiter; Höllenqualen.

Tum primus „Carissimi“, inquit, „vidi scalam auream de caelo descendentem, qua via angeli descendebant et ascendebant et animam meam in caelum duxerunt. Cum ibi essem, patrem et filium et spiritum sanctum vidi. Hoc est somnium meum.“

Dixit secundus: „Ego vidi daemones[1] instrumentis ferreis et igneis animam meam de corpore meo in infernum[2] trahentes et ibi vexantes, et eos audivi dicentes: Quam diu Deus regnabit in caelo, permanebis hoc loco.“

Tum tertius: „Audite somnium meum! Videbatur mihi angelus ad me venire et dicere: Carissime, visne videre, ubi sit uterque sociorum tuorum? Respondi: Utriusque videndi cupidus sum etiam propterea, quod unum panem habemus, qui inter nos dividendus est. Timeo enim, ne cum pane effugerint. At ille: Non est ita; sed panis ante te iacet. Sequere me! Et duxit me ad portam caeli, et vidi te. Videbaris mihi in caelum raptus esse et sedere in throno[3] aureo et multos cibos et vina optima ante te habere. Dixitque angelus mihi: Hoc alteri socio evenit; et in aeternum ibi permanebit, quod, qui semel caelum intravit, exire non potest. Iam mecum veni, ut ostendam tibi alterius socii fortunam! Tum ad portas inferni[2] me duxit, et ibi vidi te, sicut dixisti, in poenis gravissimis, et clamavi ad te: O carissime, doleo te in istis poenis iacere. Tu vero respondisti mihi, quam diu Deus regnaret in caelo, tibi permanendum esse in inferno[2], cum illud meruisses. Tum me cito fugere et panem totum edere iussisti confirmans me neutrum vestrum postea visurum esse. Itaque statim surrexi et, sicut dixisti, panem edi.“

[1] daemōn, -monis m.: Teufel [2] īnfernum: Hölle [3] thronus: Thron

B –

C –

D *1. Übersetze:* eius silvae; eius silva; earum silvarum; eorum silvarum; iis silvis; eius silvis; eorum silvis; eae silvae; eas silvas; ei silvae; eius silvarum; eam silvam; eius silvam; eorum silvae; eius silvas.

2. Schreibe ab, ergänze die fehlenden Wortausgänge und übersetze: provinciae tot ~~ (3); in un ~~ virtute; ab utr ~~ que (3); un ~~ tempore; Galliae tot ~~ (3); ad utr ~~ que rem; tot ~~ exercitus (4); neque ull ~~ potestatem; ali ~~ condicione; sine ull ~~ periculo; ali ~~ iter null ~~; in utr ~~ partem; utr ~~ que partis; null ~~ cum periculo; un ~~ salutem; alter ~~ die; null ~~ concilio (2); alius ali ~~ ex nave; compluribus ali ~~ de causis.

3. Setze zu jedem Pronomen eine passende Form von rex *und übersetze:* huius; eundem; ipsum; cum illo; isti; ei; eorum; ipsius; eosdem; suum; illis; idem; eorundem.

4. Adjektive auf -eus *geben an, aus welchem Material etwas besteht; sie sind von Substantiven abgeleitet:*
ferrum: *Eisen* – ferreus: *eisern.*
Erkläre ebenso: aureus; igneus; ligneus; argenteus.

E –

Weihrelief an Asklepios, 4. Jahrh. v. Chr.

S **Traum und Traumdeutung in der Antike.** Für Griechen und Römer hatten Träume auch im täglichen Leben große Bedeutung. Anders als wir heute glaubten sie, daß sich in Träumen die Zukunft ankündige. Es war darum wichtig, möglichst genau zu wissen, was ein Traum besagte. Das erfuhr man von Traumdeutern, die gegen Bezahlung Träume auslegten. Das Wissen der Antike über Träume und deren Deutung ist schon früh in Traumbüchern gesammelt worden. Vollständig erhalten ist das Traumbuch des Griechen Artemidor aus dem 2. Jahrh. n. Chr., das zahlreiche Traumdeutungen überliefert. Man ging von festen Bedeutungen aus: „Eine Treppe ist das Symbol einer Reise und eines Umzuges, ihre Stufen bedeuten das Weiterkommen. Einige behaupten, daß sie auch Gefahr anzeigen." Zum Verständnis eines Traumes mußte aber noch vieles andere berücksichtigt werden: ob es sich um den Traum eines Mannes oder einer Frau handelte, ob der Träumer ein Freier oder ein Sklave, ob er gesund oder krank, arm oder reich war usw. Neben der aktuellen Situation war die Persönlichkeit des Träumers wichtig: „Der Anblick eines Adlers auf einem Felsen, auf einem Baum oder in schwindelnder Höhe ist für Unternehmungslustige ein gutes Zeichen, ein böses dagegen für Leute, die in Angst leben." Eine große Rolle spielten Träume auch in der antiken Medizin. Es wird berichtet, daß der Heilgott Asklepios (lat.: Aesculapius) Kranken im Traum erschienen sei. Er habe Anweisungen für die Behandlung gegeben, in anderen Fällen soll er Kranke im Schlaf geheilt haben.

Lectio Undetricesima

A De oratione, quam habuit apud milites L. Aemilius Paullus

L. Aemilius Paullus consul, cum in Macedoniam non sine aliqua spe victoriae pervenisset, apud milites orationem talem habuit: „Dixit mihi aliquis esse in exercitu aliquos milites, qui consulant, quid agendum sit. Aliqui milites imperatorem solum exercitui providere nescire videntur. Si quis a me in consilium advocatus erit, mihi suadere debebit; si qui miles de bello gerendo se iudicare posse existimat, errat. Nemo nisi imperator ipse, si quid agendum est, decernere debet; nulla, quae ad bellum gerendum pertinet, res insciente imperatore facienda est."

Qua oratione habita omnium animi mutati sunt; neque erat quisquam, quin se omnia, quae imperata essent, facturum sine ulla cunctatione confirmaret. Et nitebatur quisque, ne quid in se imperator vituperare posset.

B De illo, qui barbam[1] amisit

Miles quidam, cui barba[1] longa maximae curae erat, histrionem[2] quendam graviter offendit neque ullam poenam ei dare voluit. Quamquam alii milites eum hortabantur, ut histrioni[2] aliquid daret, ne quid detrimenti caperet, miles ille quicquam se ei daturum esse negabat.
Quodam die, cum venisset ad balneas publicas, histrio[2] ille eum iam exspectabat. Et cum simul essent in balneis, pyxidem[3] prompsit plenam unguenti depilativi[4], cui militis fallendi causa aliqua aromata[5] addiderat, et faciem totam unguere[6] coepit. Quod cum miles aliquod tempus spectavisset, „Quale est istud unguentum[4]“, inquit, „quod est ita aromaticum[7]?“ Cui histrio[2]: „Si quis faciem hoc unguento[4] unxerit[6], semper eam roseam[8] et pulchram servabit, neque quicquam magis hoc unguento[4] idoneum est ad pulchritudinem augendam.“ Cum miles interrogasset, num quid eius unguenti[4] sibi daret, ille dixit: „Magno pretio hoc unguentum[4] emi, neque cuiquam ullam partem dabo.“ His verbis dictis histrio[2] quasi ad necessaria exiit pyxidem[3] consulto relinquens. Miles autem sine ulla cunctatione pyxide[3] capta totam faciem et barbam[1] longam unxit[6] non sine aliqua spe barbam[1] quoque mox multo pulchriorem futuram esse. Pilis[9] autem statim cadentibus pudore affectus domum fugit et morbo simulato servis imperavit, ne quem intrare sinerent.
Histrio[2] autem regi et militibus eius totam rem nuntiavit; qui statim ad domum militis accedentes invenerunt eum imberbem[10], et illudentes hominem maestum reliquerunt.

[1] barba: Bart [2] histriō, -ōnis m.: Schauspieler [3] pyxis, -xidis f.: Büchse; Dose [4] unguentum (dēpilātīvum): (Enthaarungs)creme [5] arōma, -matis n.: Duftstoff [6] unguō, ūnxī, ūnctum, unguere: eincremen [7] arōmaticus: wohlriechend [8] roseus: rosig [9] pilus: Haar [10] imberbis, -e: bartlos

C

1. Stelle aus A und B zusammen
a) die Wörter, hinter denen enklitische Indefinitpronomina stehen;
b) die Indefinitpronomina, die in Sätzen mit negativem Sinn stehen;
c) die substantivisch verwendeten Indefinitpronomina;
d) die adjektivisch verwendeten Indefinitpronomina!

2. Erläutere die Wirkung, die das Hyperbaton in A, Zeile 9 hat!

D *Substantivisch oder adjektivisch?*

Übersetze: 1. spem salutis aliquam 2. si quid frumenti reperire possent 3. vires cuiusquam 4. cuiusque civitatis 5. esse aliquos repertos 6. aliquid novi consilii 7. si qui se occultassent 8. neque quisquam 9. optimi cuiusque liberos 10. si quem aditum reperire possent 11. neque quemquam 12. neminem existimaturum 13. neque quicquam 14. neque quicquam negotii 15. antiquissimum quodque tempus 16. quae a quoque traduntur 17. quasdam res 18. ad utramque rem 19. aliud iter nullum 20. neque ullam potestatem 21. sua omnia 22. ad unum omnes 23. cum iam defenderet nemo 24. ne quid sibi nocere posset.

E De Persei regis clade

Paullus consul, quem in Macedoniam non sine aliqua spe profectum esse supra legimus, prope Pydnam oppidum castra posuerat. Macedonum castra non longe a Romanis aberant interiecto flumine quodam, ex quo uterque exercitus aquabatur. Praesidiis in utraque ripa positis cum omnia ad flumen quieta essent, iumentum[1] quoddam Romanorum ad ulteriorem ripam effugit. Quod cum tres milites sequerentur, Macedones duo id iumentum[1] in suam ripam trahebant. Altero eorum interfecto recuperatoque eo iumento[1] Romani ad suos se recipiebant. Tum Macedonum praesidium ad persequendos hostes fluvium transiit.
Tanta pugnandi cupiditas utrique exercitui erat, ut et Perseum et Paullum quidam hortarentur, ne sine ullo proelio discederetur; neque erat quisquam, quin proelium committendum existimaret. Itaque et consul et rex aciem instruxerunt. Paullus in dextrum cornu, unde apud fluvium commissum proelium erat, elephantos misit, ne quid Romani detrimenti acciperent; et ab ea parte fuga Macedonum est orta. Altero quoque Persei cornu pulso multi pedites interficiebantur, nisi qui abiectis armis fugerent. Princeps fugae rex erat ipse.

[1] iūmentum: Zugtier; Lasttier

S Mittelalterliche Legenden und Exempla. Die Geschichte vom „Ritter, der seinen Bart verlor“ stammt, wie auch andere Texte in diesem Buch, aus einer der Sammlungen mittelalterlicher Exempla und Legenden. Eine Legende, wie etwa die vom heiligen Georg (Lectio XVII), ist eine Erzählung von Leben und Taten eines Heiligen. Sie wurde ursprünglich an dessen Namenstag in der Kirche vorgelesen. Exempla sind kurze Geschichten, die belehren, aber zugleich belustigen sollen.
Während im Römischen Reich Schulbildung und die Fähigkeit zu lesen und zu schreiben weit verbreitet waren, war die Schriftkultur im Mittelalter auf einen kleinen Kreis beschränkt: lateinkundige Priester, Mönche und Gelehrte. Was die anderen Menschen wußten, lernten sie meist durch Anschauung, Erfahrung oder aber vom Zuhören, z.B. bei der Predigt in der Kirche.

Die Prediger waren gute Menschenkenner. Damit die Zuhörer bis zum Ende der Predigt ausharrten, brachten sie am Schluß eine kleine interessante Geschichte. Oft waren es *facetiae,* Schnurren, über die man lachen konnte. Ein Beispiel dafür ist die Geschichte vom „Betrunkenen, der einen Toten zum Essen einlud“: Ein Mann geht aus dem Wirtshaus über einen Friedhof nach Hause und stolpert über einen Totenkopf. In seiner Trunkenheit lädt er den Toten zum Abendessen ein. Der kommt tatsächlich. Nur mit Mühe kann die entsetzte Familie den Knochenmann, der an die Tür pocht, wieder loswerden. Der Vater gelobt, sich nie wieder zu betrinken.
Belehrend und lustig ist die Geschichte vom „Teufel, der Psalmenstücke sammelte“: Ein Abt trifft vor der Klosterpforte den als Bettler verkleideten Teufel, der ihm einen Sack voller „Psalmenstücke“ zeigt. „Wo hast du die gesammelt?“ – „Bei deinen Mönchen. Jedesmal, wenn sie beim Beten ein Wort auslassen oder falsch aussprechen, sammele ich es auf.“ Nachdem der Abt seinen Mönchen eine Strafpredigt wegen ihres nachlässigen Gebets gehalten hat, findet der Teufel keine „Psalmenstücke“ mehr und kann durch das Zeichen des Kreuzes vertrieben werden.
Zahlreiche lateinische Sammlungen von Legenden, Exempla und *facetiae* sorgten dafür, daß den Predigern der Stoff für ihre Zugaben bei der Predigt nicht ausging.

Prologus Fo. j.

Incipit prologus in legendas sanctorum quas collegit in unum frater Iacobus Ianuensis de ordine predicatorum.

Universum tempus presentis vite in quatuor distinguitur.

Beginn der Legenda Aurea, der berühmtesten Legendensammlung des Mittelalters.
Seite aus einer 1478 in Nürnberg gedruckten lateinischen Ausgabe.

Im Anschluß an Lectio XXIX folgt jetzt eine erste Originallektüre. Dabei kann gewählt werden zwischen Caesar [Lectiones XXX (a) - XXXV (a)] und Cicero/ Asconius [Lectiones XXX (b) - XXXV (b)].

Lectio Tricesima (a)

Nach Ablauf seines Konsulatsjahres (59 v. Chr.) hat Caesar das jenseitige Gallien aufgesucht, um diese relativ kleine Provinz als Prokonsul für zunächst fünf Jahre zu verwalten. Dort gelingt es ihm, sich in die Schwierigkeiten und Auseinandersetzungen der umliegenden Volksstämme so weit hineinziehen zu lassen, daß er in wenigen Jahren fast ganz Gallien besetzen kann. Diese Unterwerfung durch die Römer wollen sich viele Gallier nicht gefallen lassen; aber erst im Jahre 54 v. Chr. versuchen sie eine Gegenaktion.
Mit der unwahren Versicherung, ein Freund der Römer zu sein, und der unzutreffenden Information, in ganz Gallien sollten alle Winterlager der Römer gleichzeitig angegriffen werden, gelingt es dem Eburonenherzog Ambiorix, die beiden Legaten eines Winterlagers in seinem Stammesgebiet zu veranlassen, zur nächsten Legion aufzubrechen. Unterwegs werden die Römer vollständig vernichtet. Dieser Erfolg macht Ambiorix Mut.

Ambiorix cum equitatu in Atuatucos proficiscitur;
neque noctem neque diem intermittit
peditatumque se sequi iubet.
Re demonstrata Atuatucisque incitatis
postero die in Nervios pervenit hortaturque,
ne sui in perpetuum liberandi
atque ulciscendi Romanos pro iis, quas acceperint, iniuriis,
occasionem dimittant;
interfectos esse legatos duos
magnamque partem exercitus interisse demonstrat;
nihil esse negotii
subito oppressam legionem, quae cum Cicerone hiemet[1], interfici;
ad eam rem se profitetur[2] adiutorem[3].
Facile hac oratione Nerviis persuadet.

Itaque
confestim dimissis nuntiis ad proximas civitates
quam maximas manus cogunt
et de improviso[4] ad Ciceronis hiberna advolant
nondum ad eum fama de legatorum morte perlata.

Huic quoque accidit, quod fuit necesse,
ut nonnulli milites,
qui lignationis[5] munitionisque causa in silvas discessissent,
repentino equitum adventu interciperentur.
His circumventis
magna manu Eburones, Nervii, Atuatuci atque horum omnium socii legionem oppugnare incipiunt.
Nostri celeriter ad arma concurrunt, vallum conscendunt.
Aegre is dies sustentatur[6],
quod omnem spem hostes in celeritate ponebant
atque,
si hanc victoriam adepti essent,
in perpetuum se fore victores confidebant.

[1] hiemāre: überwintern [2] profitērī: öffentlich anbieten [3] adiūtor, -ōris m.: Helfer
[4] dē imprōvīsō: unversehens [5] lignātiō, -ōnis f.: Holzholen [6] sustentāre: aushalten

Lectio Tricesima Prima (a)

Mittuntur ad Caesarem confestim a Cicerone litterae
magnis propositis praemiis,
si pertulissent;
obsessis omnibus viis
missi intercipiuntur.
Noctu ex ea materia[1], quam munitionis causa comportaverant[2],
turres centum viginti excitantur[3];
incredibili celeritate, quae deesse operi videbantur, perficiuntur.
Hostes postero die
multo maioribus coactis copiis
castra oppugnant, fossam[4] complent.
A nostris eadem ratione, qua pridie, resistitur.
Hoc idem reliquis fit diebus.
Nulla pars nocturni temporis ad laborem intermittitur;
non aegris[5], non vulneratis facultas quietis datur.
Quaecumque ad proximi diei oppugnationem opus sunt[6],
noctu comparantur.
Ipse Cicero,
cum tenuissima[7] valetudine esset,
ne nocturnum quidem sibi tempus ad quietem relinquebat.

Tum duces Nerviorum,
qui aliquem sermonis aditum causamque amicitiae cum Cicerone habebant,
colloqui se velle dicunt.
Facta potestate
eadem, quae Ambiorix cum Titurio egerat, commemorant:
omnem Galliam esse in armis;
Germanos Rhenum transisse;
Caesaris reliquorumque hiberna oppugnari.
Addunt etiam de Titurii morte;
Ambiorigem ostentant[8] fidei faciendae causa.
Errare eos dicunt,
si quicquam ab iis praesidii sperent, qui suis rebus diffidant;
sese tamen hoc esse in Ciceronem populumque Romanum animo,
ut nihil nisi hiberna recusent[9];
licere illis per se incolumibus ex hibernis discedere
et, quascumque in partes velint, sine metu proficisci.
Cicero ad haec unum modo respondet:
non esse consuetudinem populi Romani accipere ab hoste armato condicionem;
si ab armis discedere velint,
se adiutore[10] utantur legatosque ad Caesarem mittant;
sperare se pro eius iustitia, quae petierint, impetraturos.

[1] māteria: Bauholz; Material [2] comportāre: zusammentragen [3] excitāre: errichten [4] fossa: Graben [5] aeger, aegra, aegrum: krank [6] opus est / opus sunt: es ist/sind nötig [7] tenuis, e: zart; schwach [8] ostentāre (m. Akk.): hinweisen auf [9] recūsāre: ablehnen [10] adiūtor, -ōris m.: Helfer

Lectio Tricesima Secunda (a)

Ab hac spe repulsi
Nervii vallo pedum decem et fossa[1] pedum quindecim hiberna cingunt[2].
Haec et superiorum annorum consuetudine a nobis cognoverant
et quosdam de exercitu nostro nacti captivos
ab his docebantur;
sed,
cum instrumenta ferrea non haberent,
quae essent ad hunc usum idonea,
gladiis caespites[3] circumcidere[4],
manibus sagulisque[5] terram exhaurire[6] cogebantur.

Qua quidem ex re hominum multitudo cognosci potuit;
nam minus horis tribus trium milium passuum in circuitu[7] munitionem perfecerunt.
Reliquis diebus turres ad altitudinem valli,
scalas testudinesque[8], quas idem captivi docuerant,
parare ac facere coeperunt.

Septimo oppugnationis die
maximo orto vento
fervefacta[9] iacula[10] in casas, quae more Gallico stramentis[11] erant tectae,
iacere coeperunt.
Haec celeriter ignem comprehenderunt
et venti magnitudine in omnem locum castrorum distulerunt.
Hostes maximo clamore
sicut parta iam victoria
turres testudinesque[8] agere et scalis vallum ascendere coeperunt.
At tanta militum virtus atque ea praesentia animi[12] fuit,
ut,
cum undique flamma torrerentur[13]
maximaque telorum multitudine premerentur
suaque omnia impedimenta atque omnes fortunas[14]
conflagrare[15] intellegerent,
non modo de vallo decederet nemo,
sed paene ne respiceret quidem quisquam
ac tum omnes acerrime fortissimeque pugnarent.
Hic dies nostris longe gravissimus fuit;
sed tamen hunc habuit eventum,
ut eo die maximus numerus hostium vulneraretur atque interficeretur.
Paulum quidem intermissa flamma
et quodam loco turri adacta[16] et contingente[17] vallum
tertiae cohortis centuriones ex eo, quo stabant, loco recesserunt
suosque omnes removerunt,
vocibus hostes,
si introire vellent,
vocare coeperunt.
Tum undique lapidibus coniectis deturbati[18],
turrisque incensa est.

[1] fossa: Graben [2] cingere: umgeben [3] caespes, caespitis m.: Rasenstück [4] circumcīdere: ausstechen [5] sagulum: Mantel [6] exhaurīre: herausschaffen [7] circuitus, -ūs m.: Umkreis [8] testūdō, -dinis f.: Schildkröte; Schilddach [9] fervēfacere: glühend machen [10] iaculum: Wurfspieß [11] strāmentum: Strohdach [12] praesentia animī: Geistesgegenwart [13] torrēre: versengen; rösten [14] fortūnae: Habseligkeiten [15] cōnflagrāre: verbrennen [16] adigō, adēgī, adāctum, adigere: „heranschieben“ [17] contingere: berühren [18] dēturbāre: vertreiben

C. Iulius Caesar.

Lectio Tricesima Tertia (a)

Erant in ea legione fortissimi viri, centuriones T. Pullo et L. Vorenus.
Hi perpetuas inter se controversias habebant,
    uter alteri anteferretur[1],
omnibusque annis de loco summa inimicitia contendebant.
Ex his Pullo,
    cum acerrime ad munitiones pugnaretur,
„Quid dubitas“, inquit, „Vorene?
Aut quem locum tuae probandae virtutis exspectas?
Hic dies de nostris controversiis iudicabit.“
    Haec cum dixisset,
procedit extra munitiones,
quaeque pars hostium densissima est visa, irrumpit.
Ne Vorenus quidem sese tum vallo continet,
sed omnium veritus existimationem[2] subsequitur[3].
    Parvo spatio relicto
Pullo pilum in hostes mittit
atque unum ex multitudine procurrentem[4] traicit;
    quo percusso[5] exanimatoque[6]
hunc scutis protegunt[7] hostes, in illum universa tela coniciunt
neque dant progrediendi facultatem.

Transfigitur[8] scutum Pulloni, et verutum[9] in balteo[10] defigitur[11].
Avertit[12] hic casus vaginam[13]
et gladium educere conanti dextram moratur[14] manum;
impeditum hostes circumsistunt.
Succurrit inimicus illi Vorenus et laboranti subvenit.
Ad hunc se confestim a Pullone omnis multitudo convertit.
Gladio comminus[15] rem gerit Vorenus
atque uno interfecto reliquos paulum propellit;
dum cupidius instat[16],
in locum inferiorem delatus[17] concidit[18].
Huic rursus circumvento subsidium fert Pullo,
atque ambo[19] incolumes
compluribus interfectis
summa cum laude sese intra munitiones recipiunt.
Sic fortuna in contentione et certamine utrumque versavit ita,
ut alter alteri inimicus auxilio salutique esset
neque iudicari posset,
uter utri virtute anteferendus[1] videretur.

[1] anteferre: vorziehen [2] exīstimātiō, -ōnis f.: Gerede [3] subsequī: unmittelbar nachfolgen [4] prōcurrere: vorstürmen [5] percutiō, percussī, percussum, percutere: durchbohren [6] exanimāre: bewußtlos machen [7] prōtegere: decken; schützen [8] trānsfīgere: durchbohren [9] verūtum: Wurfspieß [10] balteus: Wehrgehenk; Gürtel [11] dēfīgī: haften bleiben [12] āvertere: verschieben [13] vāgīna: Scheide [14] morārī: aufhalten [15] comminus (Adv.): Mann gegen Mann [16] īnstāre: nachsetzen [17] dēferrī: geraten [18] concidere: zu Fall kommen [19] ambō: beide

Lectio Tricesima Quarta (a)

Quanto erat in dies gravior atque asperior oppugnatio,
tanto crebriores litterae nuntiique ad Caesarem mittebantur;
quorum pars comprehensa in conspectu nostrorum militum cum cruciatu[1] necabatur.
Erat unus intus[2] Nervius nomine Vertico, loco natus honesto,
qui a prima obsidione ad Ciceronem perfugerat
suamque ei fidem praestiterat[3].
Hic servo spe libertatis magnisque persuadet praemiis,
ut litteras ad Caesarem perferat.
Has ille in iaculo[4] illigatas[5] effert
et Gallus inter Gallos sine ulla suspicione versatus
ad Caesarem pervenit.
Ab eo de periculis Ciceronis legionisque cognoscitur.

Caesar acceptis litteris hora undecima diei statim
nuntium in Bellovacos ad M. Crassum quaestorem mittit,
  cuius hiberna aberant ab eo milia passuum viginti quinque;
iubet media nocte legionem proficisci celeriterque ad se venire.
Exit cum nuntio Crassus.
Alterum ad C. Fabium legatum mittit,
  ut in Atrebatium fines legionem adducat,
    qua sibi iter faciendum sciebat.

Caesar unum communi saluti auxilium in celeritate ponebat.
Venit magnis itineribus in Nerviorum fines.
Ibi ex captivis cognoscit,
  quae apud Ciceronem gerantur quantoque in periculo res sit.
Tum cuidam ex equitibus Gallis magnis praemiis persuadet,
  ut ad Ciceronem epistulam perferat.
Hanc Graecis scriptam litteris mittit,
  ne intercepta epistula nostra ab hostibus consilia
  cognoscantur.
  Si adire non possit,
monet,
  ut hastam cum epistula deligata[6] intra munitiones
  castrorum abiciat.
In litteris scribit se cum legionibus duabus profectum
  celeriter affore;
hortatur,
  ut pristinam virtutem retineat.
Gallus periculum veritus
  ut erat praeceptum,
hastam mittit.
Haec casu ad turrim haesit[7] neque a nostris biduo animadversa
tertio die a quodam milite conspicitur,
dempta[8] ad Ciceronem perfertur.
Ille litteras in conventu[9] militum recitat
maximaque omnes laetitia afficit.
Tum fumi[10] incendiorum procul videbantur;
quae res omnem dubitationem adventus legionum expulit.

[1] cruciātus, -ūs m.: Folter [2] intus (Adv.): drinnen [3] fidem praestāre: Treue beweisen [4] iaculum: Wurfspieß [5] illigāre (m. Dat.): anbinden (an) [6] dēligāre: anbinden [7] haereō, haesī, haesum, haerēre: steckenbleiben [8] dēmō, dēmpsī, dēmptum, dēmere: abnehmen [9] conventus, -ūs m.: Versammlung [10] fūmus: Rauch

Lectio Tricesima Quinta (a)

Galli
re cognita per exploratores
obsidionem relinquunt, ad Caesarem omnibus copiis contendunt.
Cicero
data facultate
Gallum alium ab eodem Verticone, quem supra demonstravimus, repetit[1],
qui litteras ad Caesarem perferat;
hunc monet,
iter caute diligenterque faciat;
scribit in litteris hostes ab se discessisse
omnemque ad eum multitudinem convertisse.
Quibus litteris circiter media nocte allatis
Caesar suos facit certiores eosque ad dimicandum[2] animo confirmat.
Postero die luce prima movet castra
et circiter milia passuum quattuor progressus
trans vallem et rivum[3] multitudinem hostium conspicatur.

Caesar considit et castra ponit
atque haec angustiis viarum quam maxime contrahit eo consilio,
ut in summam contemptionem[4] hostibus veniat.
Ac sic hostes nostros contempserunt,
ut alii vallum manu scindere[5], alii fossas[6] complere inciperent.

Tum Caesar
omnibus portis eruptione facta equitatuque emisso
celeriter hostes in fugam dat,
sic ut omnino pugnandi causa resisteret nemo,
magnumque ex iis numerum occidit[7] atque omnes armis exuit[8].
Longius prosequi veritus,
quod silvae paludesque[9] intercedebant[10],
omnibus suis incolumibus
eodem die ad Ciceronem pervenit.
Institutas[11] turres, testudines[12] munitionesque hostium admiratur;
producta[13] legione
cognoscit non decimum quemque esse reliquum militem sine vulnere;
ex his omnibus iudicat rebus,
quanto cum periculo et quanta virtute res sint administratae.
Ciceronem pro eius merito legionemque laudat;
centuriones singillatim[14] tribunosque militum[15] appellat,
quorum egregiam[16] fuisse virtutem testimonio Ciceronis cognoverat.

[1] repetere: erneut fordern [2] dīmicāre: kämpfen [3] rīvus: Bach [4] contemptiō, -ōnis f.: Verachtung [5] scindere: einreißen [6] fossa: Graben [7] occīdere: töten [8] exuere (m. Abl.): berauben (m. Gen.) [9] palūs, -ūdis f.: Sumpf [10] intercēdere: dazwischenliegen [11] īnstituere: errichten [12] testūdō, -dinis f.: Schildkröte; Schilddach [13] prōdūcere: vorführen [14] singillātim (Adv.): einzeln [15] tribūnus mīlitum: Kriegstribun (Offizier) [16] ēgregius: ausgezeichnet

Lectio Tricesima (b)

Während Caesar in Gallien Krieg führt, kommt es in Rom zu immer stärkeren Unruhen. Dabei schälen sich T. Annius Milo und P. Clodius Pulcher als Rädelsführer heraus. Mit angeworbenen und gemieteten Sklaven und Gladiatoren liefern sie einander Straßenschlachten. Milo hat seine einflußreichen Freunde im Senat; unter ihnen befindet sich Cicero. Clodius unterstützt die Politik Caesars.
Für das Jahr 52 strebt Milo das Amt eines Konsuls an. Gleichzeitig möchte Clodius Prätor werden. Die Unruhen bewirken eine so starke Verzögerung der Wahlen, daß das Jahr 52 ohne Konsuln und ohne Prätoren beginnt. Da kommt es am 18. Januar 52 zu einem folgenschweren Zusammentreffen der beiden politischen Feinde.

P. Clodius
cum statuisset omni scelere in praetura[1] vexare rem publicam
videretque ita tracta esse comitia[2] anno superiore,
ut non multos menses praeturam[1] gerere posset,
subito reliquit annum suum seseque in proximum transtulit,
non, ut fit, religione aliqua,
sed ut haberet, quod ipse dicebat,
ad praeturam[1] gerendam, hoc est ad evertendam rem publicam,
plenum annum atque integrum.

Occurrebat ei[3] debilem[4] praeturam[1] futuram suam
consule Milone;
eum porro[5] summo consensu populi Romani consulem fieri videbat.
Contulit se ad eius competitores[6], sed ita,
totam ut petitionem ipse solus etiam invitis aliis gubernaret,
tota ut comitia[2] suis, ut dictitabat[7], umeris[8] sustineret.
Quanto ille plura miscebat,
tanto hic magis in dies convalescebat[9].
Ubi vidit homo ad omne facinus paratissimus
fortissimum virum, inimicissimum suum, certissimum consulem (esse)
idque intellexit non solum sermonibus,
sed etiam suffragiis[10] populi Romani saepe esse declaratum,
palam agere coepit et aperte dicere occidendum Milonem.

[1] praetūra: Prätur [2] comitia (Pl.): Wahlen [3] occurrit mihi: „mir kommt der Gedanke“ [4] dēbilis, e: schwach [5] porrō (Adv.): ferner [6] competītor, -ōris m.: Mitbewerber [7] dictitāre: immer wieder sagen [8] umerus: Schulter [9] convalēscere: erstarken [10] suffrāgium: Abstimmung

Lectio Tricesima Prima (b)

Servos agrestes[1] et barbaros[2],
quibus silvas publicas depopulatus erat[3] Etruriamque vexarat,
ex Appennino deduxerat, quos videbatis.
Res erat minime obscura.
Etenim dictitabat[4] palam consulatum Miloni eripi non posse, vitam posse.
Significavit hoc saepe in senatu, dixit in contione,
quin etiam M. Favonio, fortissimo viro, quaerenti ex eo,
qua spe fureret[5] Milone vivo,
respondit triduo illum aut summum[6] quadriduo esse periturum;
quam vocem eius ad hunc M. Catonem statim Favonius detulit.

Interim,
cum sciret Clodius
- neque enim[7] erat id difficile scire a Lanuvinis -
iter sollemne[8], legitimum[9], necessarium Miloni esse Lanuvium
ad flaminem prodendum[10],
quod erat dictator[11] Lanuvii Milo,
Roma subito ipse profectus pridie est,
ut ante suum fundum[12], quod re intellectum est,
Miloni insidias collocaret;
atque ita profectus est,
ut contionem turbulentam,
in qua eius furor desideratus est, quae illo ipso die habita est,
relinqueret,
quam, nisi obire[13] facinoris locum tempusque voluisset,
numquam reliquisset.

[1] agrestis, e: wild [2] barbarus: roh; barbarisch [3] dēpopulārī: verwüsten [4] dictitāre: immer wieder sagen [5] furere: verrückt sein; rasen [6] summum (Adv.): höchstens [7] neque enim: denn nicht [8] sollemnis, e: alljährlich (üblich) [9] lēgitimus: vom Gesetz gefordert [10] flāminem prōdere: „einen neuen Priester ernennen" [11] dictātor, -ōris m.: höchster Beamter [12] fundus: Landgut [13] obīre locum tempusque: „eine Gelegenheit wahrnehmen"

M. Tullius Cicero.

Lectio Tricesima Secunda (b)

Milo autem,
cum in senatu fuisset eo die,
quoad[1] senatus est dimissus,
domum venit, vestimenta mutavit,
paulisper[2],
dum se uxor, ut fit, comparat[3],
commoratus est[4], deinde profectus id temporis[5],
cum iam Clodius, si quidem eo die Romam venturus erat[6],
redire potuisset.
Obviam fit ei Clodius expeditus, in equo,
nulla raeda[7], nullis impedimentis, nullis Graecis comitibus,
ut solebat,
sine uxore, quod numquam fere fiebat,
cum hic insidiator[8],
qui iter illud ad caedem faciendam apparasset[9],
cum uxore veheretur in raeda[7], paenulatus[10],
magno et impedito ancillarum puerorumque comitatu.

[1] quoad: bis [2] paulīsper (Adv.): eine Zeitlang [3] comparāre: zurechtmachen [4] commorārī: warten [5] id temporis: „zu dem Zeitpunkt“ [6] ventūrus erat: „er wollte kommen“ [7] raeda: Reisewagen [8] īnsidiātor, -ōris m.: Bandit [9] apparāre: vorbereiten [10] paenulātus: im Reisemantel

Lectio Tricesima Tertia (b)

Fit obviam Clodio ante fundum[1] eius hora fere undecima.
Statim complures cum telis in hunc faciunt de loco superiore impetum;
adversi raedarium[2] occidunt.
Cum autem hic de raeda[3] reiecta paenula[4] desiluisset
seque acri animo defenderet,
illi, qui erant cum Clodio, gladiis eductis
partim recurrere ad raedam[3],
ut a tergo[5] Milonem adorirentur,
partim,
quod hunc iam interfectum putarent,
caedere incipiunt eius servos;
ex quibus, qui animo fideli in dominum fuerunt,
partim occisi sunt,
partim,
cum ad raedam[3] pugnari viderent, domino succurrere prohiberentur,
Milonem occisum et ex ipso Clodio audirent et re vera putarent,
fecerunt id nec imperante nec sciente nec praesente domino,
quod suos quisque servos in tali re facere voluisset.

Haec, sicut exposui, ita gesta sunt, iudices:
Insidiator[6] superatus est,
vi victa vis, vel potius oppressa virtute audacia est.

[1] fundus: Landgut [2] raedārius: Kutscher [3] raeda: Reisewagen [4] paenula: Reisemantel [5] ā tergō: im Rücken [6] īnsidiātor, -ōris m.: Bandit

Lectio Tricesima Quarta (b)

Den wirklichen Tathergang hat ein Autor des 1. Jahrh. n. Chr. folgendermaßen dargestellt:

Vehebatur Clodius equo;
servi triginta fere expediti,
ut illo tempore mos erat iter facientibus,
gladiis cincti sequebantur.
Erant cum Clodio praeterea tres comites eius,
ex quibus eques Romanus unus, C. Causinius Schola,
duo de plebe noti homines, P. Pomponius, C. Clodius.

Milo raeda[1] vehebatur cum uxore Fausta, filia L. Sullae dictatoris, et M. Fufio, familiari suo.
Sequebatur eos magnum servorum agmen,
 inter quos gladiatores quoque erant,
 ex quibus duo noti, Eudamus et Birria.
Ii in ultimo agmine tardius euntes cum servis P. Clodii rixam[2] commiserunt.
 Ad quem tumultum cum respexisset Clodius minitabundus[3],
umerum[4] eius Birria iaculo[5] traiecit.
 Inde cum orta esset pugna,
plures Miloniani accurrerunt.

Clodius vulneratus in tabernam proximam delatus est.
 Milo ut cognovit vulneratum Clodium,
 cum sibi periculosius illud etiam vivo eo futurum intellegeret,
 occiso autem magnum solacium[6] esset habiturus[7],
 etiam si subeunda esset poena,
extrahi taberna iussit.
Fuit dux servorum eius M. Saufeius.
Atque ita Clodius latens[8] extractus est multisque vulneribus confectus.
Cadaver eius in via relictum,
 quia[9] servi Clodii aut occisi erant aut graviter saucii[10] latebant[8],
Sex. Teidius senator, qui forte ex rure in urbem revertebatur,
sustulit et lectica[11] sua Romam ferri iussit;
ipse rursus eodem, unde erat egressus, se recepit.
Perlatum est corpus Clodii ante primam noctis horam,
infimaeque plebis et servorum maxima multitudo magno luctu[12] corpus
in atrio[13] domus positum circumstetit.
Augebat autem facti invidiam uxor Clodii, Fulvia,
 quae magna cum lamentatione[14] vulnera eius ostendebat.

[1] raeda: Reisewagen [2] rixa: Streit [3] minitābundus: drohend [4] umerus: Schulter [5] iaculum: Wurfspieß [6] sōlācium: Trost [7] esset habitūrus: Konj. Fut. Akt. [8] latēre: verborgen sein [9] quia = quod [10] saucius: verwundet [11] lectīca: Sänfte [12] lūctus, -ūs m.: Trauer [13] ātrium: Atrium [14] lāmentātiō, -ōnis f.: Wehklagen

Lectio Tricesima Quinta (b)

Maior postero die luce prima multitudo eiusdem generis confluxit[1], complures noti homines visi sunt. Erat domus Clodii ante paucos menses empta de M. Scauro in Palatio: eodem T. Munatius Plancus, frater L. Planci oratoris, et Q. Pompeius Rufus, Sullae dictatoris ex filia nepos[2], tribuni plebis[3], accurrerunt; eisque hortantibus vulgus imperitum corpus nudum, sicut in lecto erat positum, ut vulnera videri possent, in forum detulit et in rostris posuit. Ibi pro contione Plancus et Pompeius, qui competitoribus[4] Milonis studebant, invidiam Miloni fecerunt. Populus duce Sex. Clodio scriba[5] corpus P. Clodii in curiam intulit cremavitque subselliis[6] et mensis; quo igne et ipsa quoque curia flagravit[7], et item Porcia basilica[8], quae erat ei iuncta, ambusta est[9]. Domos quoque M. Lepidi et absentis Milonis eadem illa Clodiana multitudo[10] oppugnavit, sed inde sagittis repulsa est.

Incendium curiae maiorem aliquanto indignationem[11] civitatis moverat quam interfectio[12] Clodii. Itaque Milo, quem opinio fuerat isse in voluntarium[13] exilium, invidia adversariorum recreatus[14] nocte ea redierat Romam, qua incensa erat curia. Petebatque nihil deterritus consulatum; aperte quoque tributim[15] in singulos singula milia assium[16] dederat. Contionem[17] ei post aliquot dies dedit M. Caelius, tribunus plebis[3], ac Cicero ipse etiam causam egit[18] ad populum. Dicebat uterque Miloni a Clodio factas esse insidias.

[1] cōnfluere: zusammenströmen [2] nepōs, -ōtis m.: Enkel [3] tribūnus plēbis: Volkstribun [4] competītor, -ōris m.: Mitbewerber [5] scrība: Sekretär [6] subsellium: Sessel [7] flagrāre: brennen [8] Porcia basilica: die Basilika des M. Porcius Cato [9] ambūrō, ambussī, ambustum, ambūrere: in Brand setzen [10] Clōdiāna multitūdō: „die große Anhängerschaft des Clodius“ [11] indīgnātiō, -ōnis f.: Entrüstung [12] interfectiō, -ōnis f.: Ermordung [13] voluntārius: freiwillig [14] recreāre: kräftigen [15] tribūtim (Adv.): bezirksweise [16] as, assis m.: As (Kupfermünze) [17] contiō, -ōnis f.: „Möglichkeit, in einer Volksversammlung zu reden“ [18] causam agere: als Verteidiger auftreten

Zusatztexte (Z*)

1 De histrione[1]

Histrio[1], cum noctu fures in domo sua comprehendisset, dixit ad eos: „Quaero, quid vos noctu in domo mea invenire exspectetis, cum ego interdiu[2] nihil invenire possim."

[1] histriō, -ōnis m.: Schauspieler [2] interdiū (Adv.): bei Tage

3 Magister de ludo litterario[1] narrat

Puellis puerisque, cum saepe libenter in scholam eant, tamen discere et legere et scribere nonnumquam[2] iucundum non est. Ludere vel ambulare vel fabulas audire cupiunt, quamquam multos homines discendo tantum et legendo sibi doctrinam[3] parare sciunt. Itaque nonnumquam[2] dicunt: „Multa iam didicimus, magister. Hodie cupidi sumus audiendi fabulam; etiam bene audiendo doctrinam[3] parare licet." Magister: „Bene est. Paratus sum ad narrandum. Hodie vobis narrabo, quo modo liberi Romanorum educati[4] sint.
Aetate septem annorum discendi causa in ludum litterarium[1] ire solebant. Cottidie paedagogus[5], unus e servis, filium domini eo agebat. Magister ludi valde severus erat. In docendo[6] curabat, ut discipuli attenti essent. Qui dormiebat aut qui stultus erat, virgis valde verberabatur. Magister ludi saepe in docendo[6] dicebat: Scribere scribendo, dicendo dicere disces."

[1] lūdus litterārius: Elementarschule; Grundschule [2] nōnnumquam (Adv.): manchmal [3] doctrīna: Gelehrsamkeit; Bildung [4] ēdūcāre: erziehen [5] paedagōgus: Erzieher [6] docēre: erziehen

7 De bello Punico secundo

Populus Romanus cum Hasdrubale, imperatore Carthaginiensium, foedus renovaverat[1], ut finis[2] utriusque imperii esset flumen Hiberus Saguntinisque libertas servaretur. Cum Hasdrubal a servo interfectus esset, Hannibal, filius Hamilcaris, iuvenis magni ingenii, eius officium suscepit.

Hasdrubale interfecto omnis exercitus ingenti clamore Hannibalem imperatorem novum salutavit. Milites Hannibalem cum Hamilcare patre comparari posse atque Hasdrubale interfecto bonum imperatorem fore crediderunt.

Imperio suscepto Hannibal Saguntum oppugnare constituit. Saguntini territi legatos Romam miserunt auxilium ad bellum imminens orantes. Quibus legatis in senatum ductis mitti legatos in Hispaniam ad res sociorum cognoscendas senatoribus placuit. Hac legatione nondum[3] missa Saguntum iam oppugnari allatum est. Multis senatoribus multa varia consilia dantibus paulatim sententia vicit, ut celeriter legati ad Hannibalem atque deinde Carthaginem mitterentur. Carthaginiensibus Saguntum summa vi oppugnantibus maximum bellum inter Romanos Carthaginiensesque coepit.

[1] renovāre: erneuern [2] fīnis, -is m.: Grenze [3] nōndum (Adv.): noch nicht

8 Quo modo Hannibal Alpes superare coeperit

Cum Hannibal itinere longo Alpibus appropinquaret, montium altitudo nivesque caelo paene mixtae[1] timorem Poenorum in dies[2] augebant. Militibus praemissis[3] atque primos tumulos conscendentibus apparuerunt montani[4] tumulos occupantes; qui, si valles angustas clausissent, Poenos celeriter in fugam dedissent. Speculatoribus[5] praemissis[3] Hannibal cognovit interdiu[6] modo occupatos esse tumulos, noctu omnes montanos[4] in sua tecta redire. Itaque multis ignibus factis atque impedimentis[7] et maxima parte militum relictis ceteri Hannibale duce eos tumulos, quos montani[4] interdiu[6] tenuerant, noctu occupaverunt. Prima deinde luce agmen reliquum Hannibali succedere[8] coepit montanis[4] inopinantibus. Iam montani[4] signo dato e suis tectis conveniebant, cum subito hostes aut supra capita sua sedere aut via transire intellexerunt.

Quo periculo repulso Poeni Hannibale duce iter coeptum ad iugum Alpium confecerunt. Novem dies in eo itinere consumebantur multis iumentis[9] amissis, militibus saxis saepe vulneratis, exercitu ducentium fraude iterum iterumque decepto[10].

[1] misceō, miscuī, mixtum, miscēre: mischen; vermischen [2] in diēs: von Tag zu Tag [3] praemittere: vorausschicken [4] montānus: Bergbewohner [5] speculātor, -ōris m.: Kundschafter [6] interdiū (Adv.): bei Tage [7] impedīmenta (Pl.): Troß [8] succēdere: nachfolgen [9] iūmentum: Zugtier; Lasttier [10] dēcipere: täuschen

15 De fructu philosophiae[1]

Aristoteles[2] rogatus a quodam, quem fructum sua illi philosophia[1] attulisset, „Ut mea", inquit, „sponte[3] ea faciam, quae plurimi legum metu coacti faciunt."

[1] philosophia: Philosophie [2] Aristotelēs: Aristoteles, griechischer Philosoph [3] meā sponte: „freiwillig"

16 Non omnia eidem di[1] dedere

Post pugnam ad Cannas factam plurimi nobiles Poeni Hannibali gratulabantur iidemque suaserunt[2], ut sibi ipsi et militibus fessis[3] quietem[4] daret. Praefectus equitum autem id ipsum minime laudari posse arbitratus Hannibalem hortatus est, ut victoriam maximam adeptus quam maximis itineribus Romam ipsam peteret. „Sequere me!", inquit, „Ipse cum equitibus statim proficiscar, ut Romani te venisse videant, priusquam venturum esse audiant. Die quinto in ipso Capitolio cenabis."

Sed Hannibal praefecto „Verba tua", inquit, „laudo. Sed de consilio tuo paulum deliberare debemus." Et complures dies eodem loco mansit. Tum praefectus equitum: „Non omnia eidem di[1] dedere. Vincere scis, Hannibal, victoria uti nescis."

[1] dī = deī [2] suādeō, suāsī, suāsum, suādēre: raten; empfehlen [3] fessus: erschöpft [4] quiēs, -ētis f.: Ruhe; Erholung

18 Militis Romani pugna contra elephantum

Digna est cuiusdam militis Romani pugna contra elephantum, quae memoriae prodatur. Cum Hannibal captivos Romanos pugnare inter se coegisset, is miles solus superfuit[1]. Tum Hannibal eum idoneum esse constituit, qui elephanto proiceretur. Quibus verbis auditis ille ab Hannibale petivit, ut dimitteretur, si bestiam interfecisset.

Qua re impetrata solus in arena cum elephanto congressus est. Et elephanto ingenti pulchroque superato nemo Poenorum fuit, quin magno dolore afficeretur. Hannibal, qui nuntium eius pugnae elephantis contemptionem[2] allaturum esse intellegeret, equites misit, qui militem abeuntem interficerent.

[1] superesse: übrigbleiben [2] contemptiō, -ōnis f.: Geringschätzung

21 Quis est imperator maximus?

Quarto ante Hannibalis mortem anno P. Africanus[1] legatus in Asiam missus cum eo collocutus est. Scipioni[1] oranti, ut Hannibal sibi diceret, quos imperatores haberet maximos, ille: „Alexandrum[2], Macedonum regem, maximum fuisse existimo, quod parvo exercitu exercitus maximos in fugam dedit quodque ultimas terras sibi subiecit. Secundus Pyrrhus est, quod belli gerendi peritissimus fuit." Cum tertium locum sibi ipsi se tribuere dixisset, Scipio[1] „Quid tu diceres", inquit, „si me vicisses?" – „Me et ante Alexandrum[2] et ante Pyrrhum et ante alios omnes imperatores esse dicerem."

[1] P. Cornēlius Scīpiō Āfricānus Māior: der ältere Scipio [2] Alexander: Alexander der Große

23 De gallina[1] et margarita[2]

Gallina[1], dum in sterquilino[3] prope villam sito cibum quaerit, margaritam[2] repperit.

Cum eam undique spectavisset, „Quanta pulchritudine es", inquit, „et quantae indignitatis[4] est hic locus, in quo iaces! Margaritarum[2] est feminas pulchras ornare. Feminae pulchrae gaudio esses. Mihi autem non est cibus; fame vexor. Unum granum[5] frumenti maiori usui mihi esset quam tu. Si dominus, cuius est illa villa, te vidisset, pretium tuum saluti tibi fuisset; cum ego te invenerim, cui multo utilior est cibus, in sterquilino[3] manere debes."

Phaedrus poeta se hoc illis narrare dixit, qui suas fabulas non intellegerent.

[1] gallīna: Henne [2] margarīta: Perle [3] sterquilīnum: Misthaufen [4] indīgnitās, -ātis f.: Unwürdigkeit [5] grānum: Korn

24 De vitae Archimedis[1] fine

Syracusae[2], postquam deditae sunt, diripiendae militibus Romanis datae sunt. Miles quidam praedandi causa Archimedis[1] domum intravit et Archimedem[1] ipsum invenit. Is in formis geometricis[3] spectandis, quas in pulvere[4] scripserat, occupatus urbem deditam esse ignorabat militemque monuit, ne formas turbaret[5]. Sed miles praedandi cupidus cum nesciret, quis esset, Archimedi[1] vim afferre coepit. Tum ille ira incensus: „Noli turbare circulos[6] meos!“ Miles autem se eum praemio debito affecturum esse respondit atque Archimedem[1] gladio necavit.

Dux Romanorum Archimedem[1] interfectum esse valde doluit eumque Romanis publice sepeliendum[7] esse censuit.

[1] Archimēdēs: Archimedes, griechischer Naturwissenschaftler [2] Syrācūsae: Syrakus, Stadt an der Ostküste Siziliens, 212 v.Chr. von den Römern erobert [3] fōrma geōmetrica: geometrische Figur [4] pulvis, -veris m.: Staub [5] turbāre: verwischen; stören [6] circulus: Kreis [7] pūblicē sepelīre: „durch ein Staatsbegräbnis ehren“

26 Hannibal revocatur

Cum Scipio[1] in Africam traiecisset, Carthaginienses legatos ad Hannibalem miserunt, qui eum ex Italia revocarent. Postquam mandata pertulerunt, Hannibal: „Publice igitur revocant, qui commeatu[2] retinendo exercitum reducere iam diu clam conantur. Vincit Hannibalem non is, qui saepe victus est, populus, sed senatus Carthaginiensis, qui invidere mihi numquam destitit.“ Veritus, ne hoc ipsum accideret, naves iam antea coegerat. Itaque pleraque[3] auxilia domum reverti iussit; multos Italiae incolas, qui secuturos se negaverant, interfecit; quod roboris in exercitu erat, in Africam traiecit.

[1] P. Cornēlius Scīpiō Āfricānus Māior: der ältere Scipio [2] commeātus, -ūs m.: Nachschub [3] plerīque: die meisten

28 Quo modo Scipio[1] Carthaginienses timore affecerit

Carthaginienses nonnullos exploratores[2] in castra Romana miserunt, qui omnia, quae vidissent, sibi nuntiarent. Quorum cum alius alio modo a Romanis captus esset, ad Scipionem[1] ducti sunt. Qui, cum exploratores[2] interficere legibus cogeretur, illos interficiendos non esse censuit; totum exercitum inspicere[3] iussit. Illi, cum Romanorum alios in pilis[4] iaciendis, alios in corporibus exercendis, alios in acie instruenda occupatos esse vidissent, ad Carthaginienses sine ullo maleficio[5] reverterunt. Et totis Carthaginiensium castris nemo erat, quin hoc facto audito maximo timore affectus sit.

[1] P. Cornēlius Scīpiō Āfricānus Māior: der ältere Scipio [2] explōrātor, -ōris m.: Kundschafter [3] īnspicere: besichtigen [4] pīlum: Wurfspieß [5] maleficium: Mißhandlung

Alphabetisches Verzeichnis der Eigennamen

(Teil II)

Abkürzungen römischer Vornamen

C. = Gāius		L. = Lūcius		Q. = Quīntus	
Cn. = Gnaeus		M. = Mārcus		Sex. = Sextus	
D. = Decimus		P. = Pūblius		T. = Titus	

L. **A**emilius Paullus Macedonicus	Paulus, Konsul 182 und 168 v. Chr.
Aenēās	Aeneas, trojanischer Held
Āfrica	Afrika
Agrigentīnī	die Agrigentiner, Einwohner der Stadt Agrigent an der Südküste Siziliens
Albis	die Elbe
Alpēs	die Alpen
Ambiorīx	Ambiorix, Fürst der gallischen Eburonen
Amīsia	die Ems
Androclus	Androklos, ein Sklave
Anglī	die Angeln, nach Britannien ausgewanderter germanischer Volksstamm
M. Antōnius	Antonius, Legat Caesars, zunächst Partner, später Gegner des Augustus
Appennīnus	die Apenninen
Aristīdēs	Aristides, athenischer Politiker im 5. Jahrh. v. Chr.
Arminius	Arminius (Hermann), Fürst der Cherusker, der Befreier Germaniens (9 n. Chr.)
Asia	Asien; Kleinasien
Athēniēnsēs	die Athener
Atrebatēs	die Atrebaten, gallischer Volksstamm in Belgien
Attica	Attika, griechische Landschaft um Athen
Atuatucī	die Atuatuker, germanischer Volksstamm in Belgien
Augustīnus	Augustinus, Kirchenvater (354–430 n. Chr.)
Caesar Augustus	Kaiser Augustus (63 v. Chr.–14 n. Chr.)
Bellovacī	die Bellovaker, gallischer Volksstamm in Belgien
Birria	Birria, Gladiator im Gefolge des Milo
Bīthȳnia	Bithynien, Landschaft im Norden Kleinasiens
Britannia	Britannien
Bructerī	die Brukterer, germanischer Volksstamm zwischen Lippe und Ems
D. Iūnius Brūtus	Brutus, einer der Mörder Caesars
Caecīna	Caecina, Legat des Germanicus
M. Caelius Rūfus	Caelius, römischer Politiker und Redner, Freund Ciceros, Volkstribun 52 v. Chr.
Caesar	1. Caesar, römischer Feldherr und Staatsmann (100–44 v. Chr.) 2. Kaiser; (Kron)prinz
C. Iūlius Caesar	Caesar; römischer Feldherr und Staatsmann (100–44 v. Chr.)
Calēdonia	Kaledonien, schottisches Hochland

Callistratus	Kallistratos, Zeitgenosse des Dichters Martial
Campus Mārtius	das Marsfeld in Rom
Cannae	Schlachtort in Süditalien (216 v. Chr.)
Capitōlium	das Kapitol, Tempelbezirk und Festung auf einem der sieben Hügel Roms
Capua	Capua, Hauptstadt Kampaniens in Süditalien
Carthāginiēnsis	karthagisch; Karthager
Carthāgō	Karthago, Stadt in Nordafrika
Catilīna	Catilina, römischer Patrizier, Verschwörer 63 v. Chr.
M. Porcius Catō Uticēnsis	Cato, römischer Politiker (95–46 v. Chr.)
C. Causinius Schola	Causinius, römischer Ritter, Anhänger des P. Clodius Pulcher
Celtibērī	die Keltiberer, Volksstamm im Osten Spaniens
Chaucī	die Chauken, germanischer Volksstamm zwischen Ems und Elbe
Cheruscī	die Cherusker, germanischer Volksstamm an der Weser
Chrīstiānus	christlich; Christ
Chrīstus	Jesus Christus
M. Tullius Cicerō	Cicero, römischer Anwalt, Politiker und Philosoph (106–43 v. Chr.)
Q. Tullius Cicerō	Cicero, Legat Caesars, Bruder des M. Tullius Cicero
Cilicia	Kilikien, Landschaft an der Südküste Kleinasiens
Cinna	Cinna, Zeitgenosse des Dichters Martial
Circus Maximus	der Zirkus Maximus in Rom
C. Clōdius	Clodius, ein Plebejer, Anhänger des P. Clodius Pulcher
P. Clōdius Pulcher	Clodius, römischer Politiker, berüchtigter Volkstribun, Parteigänger Caesars
Sex. Clōdius	Clodius, Sekretär des P. Clodius Pulcher
Colmanus	Colman, schottischer Bischof im 7. Jahrh. n. Chr.
Columbus	Christoph Kolumbus, der Entdecker Amerikas
Corinthus	Korinth, Stadt in Griechenland
Cornēlius	Cornelius, Kumpan des Verres
P. Cornēlius Scīpiō Āfricānus Minor	Scipio, römischer Feldherr und Staatsmann (185–129 v. Chr.)
M. Licinius Crassus Dīves	Crassus, römischer Großkapitalist, Feldherr und Politiker (115–53 v. Chr.)
M. Licinius Crassus	Crassus, Sohn des M. Licinius Crassus Dives, Quästor Caesars
Cynoscephalae	die „Hundsköpfe“, zwei Berge in Thessalien, Schlachtort 197 v. Chr.

D. Iūnius Brūtus	Brutus, einer der Mörder Caesars
Diāna	Diana, Göttin der Jagd, Zwillingsschwester des Apollon; griech.: Artemis
Diaulus	Diaulos, Zeitgenosse des Dichters Martial
Dioclētiānus	Diokletian, römischer Kaiser (284–305 n. Chr.) zusammen mit Maximian
Cn. Cornēlius Dolābella	Dolabella, Prätor in Kilikien 80/79 v. Chr.

Eburōnēs	die Eburonen, gallischer Volksstamm in Belgien
Etrūria	Etrurien, Landschaft in Mittelitalien; heute: Toskana
Etrūscus	etruskisch; Etrusker
Eudāmus	Eudamos, Gladiator im Gefolge des Milo

C. **F**abius	Fabius, Legat Caesars

Q. Fabius Maximus Cūnctātor	Fabius, der „Zauderer", Gegner Hannibals
Fannius	Fannius, Zeitgenosse des Dichters Martial
Fausta	Fausta, Gattin des Milo
M. Favōnius	Favonius, römischer Politiker
Fīdentīnus	Fidentinus, Zeitgenosse des Dichters Martial
Flaccus	Flaccus, Zeitgenosse des Dichters Martial
Flāvus	Flavus, Bruder des Cheruskerfürsten Arminius, Soldat in römischen Diensten
Frīsiī	die Friesen, germanischer Volksstamm
M. Fūfius	Fufius, römischer Ritter, Freund Milos
Fulvia	Fulvia, Gattin des P. Clodius Pulcher
Gallia	Gallien; Pl.: die drei gallischen Provinzen
Gallicus	gallisch
Gallus	gallisch; Gallier
Sānctus Geōrgius	der heilige Georg
Iūlius Caesar Germānicus	Germanicus, Neffe und Adoptivsohn des Kaisers Tiberius (15 v. Chr.–19 n. Chr.)
Germānus	germanisch; Germane
Graecia	Griechenland
Graecus	griechisch; Grieche
Hamilcar Barcas	Hamilkar, karthagischer Feldherr, Vater Hannibals
Hannibal	Hannibal, karthagischer Feldherr (247–183 v. Chr.)
Hannō	1. Hanno, karthagischer Politiker, Gegner Hannibals 2. Hanno, Kurzform des Namens Johannes
Hasdrubal	Hasdrubal, karthagischer Feldherr, Schwiegersohn Hamilkars, Schwager Hannibals
Hibernia	Irland
Hibērus	der Ebro, Fluß in Spanien
Hierosolyma	Jerusalem
Hii īnsula	die Insel Iona vor der schottischen Westküste
Hispānia	Spanien
Hispānus	spanisch; Spanier
Q. Horātius Flaccus	Horaz, römischer Dichter (65–8 v. Chr.)
Īdūs Mārtiae	die Iden des März (15. März)
mare Internum	das Mittelmeer
Isthmia	die Isthmien, Spiele auf dem Isthmos von Korinth zu Ehren des Gottes Poseidon
Italia	Italien
C. Iūlius Caesar	Caesar, römischer Feldherr und Staatsmann (100–44 v. Chr.)
Iūnō	Juno, Gattin des Juppiter; griech.: Hera
Iuppiter (Gen.: Iovis)	Juppiter, der oberste Gott der Römer; griech.: Zeus
Laelia	Laelia, Zeitgenossin des Dichters Martial
Lampsacēnī	die Einwohner der Stadt Lampsakos am Hellespont
Lampsacus	Lampsakos, Stadt am Hellespont
Lānuvium	Lanuvium, Stadt in Latium
Laurentius	Lorenz
M. Aemilius Lepidus	Lepidus, römischer Politiker, 52 v. Chr. vom Senat beauftragt, bis zur Wahl der Konsuln die Regierungsgeschäfte zu führen

Libya	Libyen; Afrika
Linus	Linos, Zeitgenosse des Dichters Martial
Lūcius	Lucius
Macedonēs	die Makedonen, Volksstamm im Norden Griechenlands
Macedonia	Makedonien, Landschaft im Norden Griechenlands
Māmercus	Mamercus, Zeitgenosse des Dichters Martial
M. Marius	Marius, Bürgermeister (Quästor) einer italischen Kleinstadt
Mārtiālis	Martial, römischer Dichter (40–98 n. Chr.)
Campus Mārtius	das Marsfeld in Rom
Masinissa	Masinissa, König von Numidien in Afrika (ca. 240–148 v. Chr.)
Maximiānus	Maximian, Mitregent des Kaisers Diokletian (286–305 n. Chr.)
Melita	Malta
Mercurius	Merkur, Bote der Götter, Gott der Kaufleute und Diebe; griech.: Hermes
Mīlētus	Milet, Stadt an der Westküste Kleinasiens
T. Annius Milō	Milo, römischer Politiker, Gegner des P. Clodius Pulcher
Milōniānus	Anhänger des Milo
L. Mūnātius Plancus	Plancus, römischer Politiker, Bruder des T. Munatius Plancus
T. Mūnātius Plancus	Plancus, Volkstribun 52 v. Chr., Bruder des L. Munatius Plancus
Nerō Claudius Caesar	Nero, römischer Kaiser (37–68 n. Chr.)
Nerviī	die Nervier, gallischer Volksstamm in Belgien
Nūcerīnī	die Einwohner von Nuceria, einer Kleinstadt bei Pompeji
Numantia	Numantia, Stadt in Spanien
Numantīnī	die Einwohner der Stadt Numantia in Spanien
mōns Olīvārum	der Ölberg (bei Jerusalem)
Palātium	der Palatin, einer der sieben Hügel Roms
Pamphilus	Pamphilos, reicher Bürger der Stadt Syrakus zur Zeit des Verres
Papīrius	Papirius, römischer Senator, Vater des Papirius Praetextatus
Papīrius Praetextātus	Papirius Praetextatus, Sohn eines römischen Senators
Paula	Paula, Zeitgenossin des Dichters Martial
L. Aemilius Paullus Macedonicus	Paulus, Konsul 182 und 168 v. Chr.
Persae	die Perser
Perseus	Perseus, König von Makedonien
Sānctus Petrus	der heilige Petrus
Phaedrus	Phädrus, römischer (Fabel)dichter zur Zeit des Kaisers Augustus
Phaëthōn	Phaëthon, Sohn des Sonnengottes Sol
Phalaris	Phalaris, Tyrann von Agrigent an der Südküste Siziliens (um 560 v. Chr.)
Philippus	Philipp V., König von Makedonien, Vater des Perseus
Philodāmus	Philodamos, vornehmer Bürger der Stadt Lampsakos am Hellespont
L. Calpurnius Pīsō	Piso, Statthalter in Spanien (25 n. Chr.)
L. Mūnātius Plancus	Plancus, römischer Politiker, Bruder des T. Munatius Plancus
T. Mūnātius Plancus	Plancus, Volkstribun 52 v. Chr., Bruder des L. Munatius Plancus
C. Plīnius Caecilius Secundus	Plinius, römischer Schriftsteller (ca. 61–113 n. Chr.)
Poenī	die Punier (Karthager)
Pōlliō	Pollio, Zeitgenosse des Dichters Martial
Vedius Pōlliō	Vedius Pollio, reicher Freund des Kaisers Augustus

Pompēiānī	die Einwohner der Stadt Pompeji
Cn. Pompēius Magnus	Pompejus, römischer Feldherr und Staatsmann (106–48 v. Chr.)
Q. Pompēius Rūfus	Pompejus, Enkel des Sulla, Volkstribun 52 v. Chr.
P. Pompōnius	Pomponius, ein Plebejer, Anhänger des P. Clodius Pulcher
Porcia basilica	die Basilika Porcia, ein vom älteren Cato auf dem Forum neben der Kurie errichteter Hallenbau
Postumus	Postumus, Zeitgenosse des Dichters Martial
Prīscus	Priscus, Zeitgenosse des Dichters Martial
Prūsiās	Prusias, König von Bithynien in Kleinasien
T. Pullō	Pullo, Centurio in Caesars Heer
Pūnicus	punisch (karthagisch)
Pydna	Pydna, Schlachtort in Makedonien (168 v. Chr.)
Pyrrhus	Pyrrhos, König von Epirus
Rhēnus	der Rhein
Rhodus	Rhodos, Insel vor der Südwestspitze Kleinasiens
Rōma	Rom
Rōmānus	römisch; Römer
Rubrius	Rubrius, Kumpan des Verres
Q. Pompēius Rūfus	Pompejus, Enkel des Sulla, Volkstribun 52 v. Chr.
Via **S**acra	die Via Sacra, die „Heilige Straße“ in Rom
Saguntīnī	die Einwohner der Stadt Sagunt in Spanien
Saguntum	Sagunt, Stadt in Spanien
C. Sallustius Crispus	Sallust, römischer Geschichtsschreiber (86–35 v. Chr.)
M. Saufēius	Saufejus, Bandenführer des Milo
M. Scaurus	Scaurus, ein römischer Bürger
P. Cornēlius Scīpiō Āfricānus Māior	der ältere Scipio, berühmter römischer Feldherr (ca. 235–183 v. Chr.), Sieger über Hannibal bei Zama
P. Cornēlius Scīpiō Āfricānus Minor	Scipio, römischer Feldherr und Staatsmann (185–129 v. Chr.)
Scottī	die Schotten
sānctus Sebastiānus	der heilige Sebastian
Segesta	Segesta, Stadt im Nordwesten Siziliens
Segestānī	die Einwohner der Stadt Segesta im Nordwesten Siziliens
Sicilia	Sizilien
Siculī	die Sizilier
Siōn mōns	der Berg Zion (bei Jerusalem)
Sōl	Sol, der Sonnengott; griech.: Helios
Spartacus	Spartakus, Sklave aus Thrakien, Gladiator in Capua, Anführer im Sklavenkrieg (73–71 v. Chr.)
Stertinius	Stertinius, Legat des Germanicus
L. Cornēlius Sulla Fēlīx	Sulla, römischer Feldherr und Politiker (138–78 v. Chr.), Diktator 82–79 v. Chr.
Syria	Syrien, römische Provinz im Vorderen Orient
P. Cornēlius **T**acitus	Tacitus, römischer Geschichtsschreiber (ca. 54–117 n. Chr.)
Sex. Tēidius	Tëidius, römischer Senator
Teutoburgiēnsis saltus	der Teutoburger Wald
Thessalia	Thessalien, Landschaft in Nordgriechenland
Thrasymachus	Thrasymachos
Thrāx	thrakisch; Thraker
Tiberis	der Tiber

Tiberius Caesar Augustus	Kaiser Tiberius (42 v.Chr.-37 n.Chr.)
Q. Titurius Sabīnus	Titurius, Legat Caesars
Trōia	Troja, Stadt im Nordwesten Kleinasiens
M. Tullius Cicerō	Cicero, römischer Anwalt, Politiker und Philosoph (106-43 v. Chr.)
Vāriāna pūgna	die Varusschlacht im Teutoburger Wald (9 n.Chr.)
P. Quīnctīlius Vārus	Varus, römischer Feldherr (ca. 46 v.Chr.-9 n.Chr.)
Vedius Pōlliō	Vedius Pollio, reicher Freund des Kaisers Augustus
C. Cornēlius Verrēs	Verres, skrupelloser römischer Beamter (ca. 115-43 v.Chr.)
Verticō	Vertico, ein Angehöriger des gallischen Stammes der Nervier
T. Flāvius Vespasiānus	Kaiser Vespasian (9-79 n.Chr.)
Via Sacra	die Via Sacra, die „Heilige Straße“ in Rom
Vincentius	Vinzenz
Visurgis	die Weser
L. Vorēnus	Vorenus, Centurio in Caesars Heer
Vulcānus	Vulcanus, der hinkende Gott des Feuers und der Schmiedekunst; griech.: Hephaistos
Zama	Zama, Schlachtort in Nordafrika (202 v.Chr.)

Alphabetisches Verzeichnis der Stammformen

(Teil I und Teil II)

abeō	abiī	abitum	abīre	weggehen
absum	āfuī	–	abesse	abwesend sein; fehlen
accipiō	accēpī	acceptum	accipere	1. annehmen 2. empfangen
accurrō	accurrī	–	accurrere	herbeilaufen
addō	addidī	additum	addere	hinzufügen
addūcō	addūxī	adductum	addūcere	herbeiführen
adeō	adiī	aditum	adīre	herangehen; besuchen; bitten; angreifen
adipīscor	adeptus sum	–	adipīscī	erlangen; erreichen
adiuvō	adiūvī	adiūtum	adiuvāre	unterstützen; helfen
adsum	adfuī	–	adesse	dabeisein; anwesend sein; m. Dat.: helfen
afferō	attulī	allātum	afferre	1. (herbei)bringen; zufügen 2. melden
afficiō	affēcī	affectum	afficere	versehen mit
aggredior	aggressus sum	–	aggredī	angreifen
agō	ēgī	āctum	agere	1. treiben 2. betreiben 3. verhandeln
alō	aluī	–	alere	ernähren
animadvertō	animadvertī	animadversum	animadvertere	bemerken
aperiō	aperuī	apertum	aperīre	öffnen
appellō	appulī	appulsum	appellere	herantreiben
ārdeō	ārsī	ārsum	ārdēre	brennen
ascendō	ascendī	ascēnsum	ascendere	besteigen; hinaufsteigen
assentior	assēnsus sum	–	assentīrī	zustimmen
assequor	assecūtus sum	–	assequī	erreichen; erlangen
assuēfaciō	assuēfēcī	assuēfactum	assuēfacere	gewöhnen
assuēfīō	assuēfactus sum	–	assuēfierī	sich gewöhnen
audeō	ausus sum	–	audēre	wagen
auferō	abstulī	ablātum	auferre	wegtragen; beseitigen
bibō	bibī	–	bibere	trinken
cadō	cecidī	–	cadere	fallen
caedō	cecīdī	caesum	caedere	fällen; töten
canō	cecinī	–	canere	1. singen 2. blasen
capiō	cēpī	captum	capere	fassen; nehmen; fangen
cēdō	cessī	cessum	cēdere	1. gehen 2. weichen
cingō	cīnxī	cīnctum	cingere	gürten; umgeben
circumagō	circumēgī	circumāctum	circumagere	herumführen

circumsistō	circumstetī	-	circumsistere	umringen
circumstō	circumstetī	-	circumstāre	herumstehen; umherstehen
claudō	clausī	clausum	claudere	1. (ab)schließen 2. einschließen
cognōscō	cognōvī	cognitum	cognōscere	1. kennenlernen 2. erkennen 3. erfahren
cōgō	coēgī	coāctum	cōgere	1. zwingen 2. versammeln
colligō	collēgī	collēctum	colligere	sammeln
colloquor	collocūtus sum	-	colloquī	sich unterreden
colō	coluī	cultum	colere	1. bebauen 2. pflegen 3. verehren
compleō	complēvī	complētum	complēre	anfüllen
comprehendō	comprehendī	comprehēnsum	comprehendere	ergreifen; festnehmen
condō	condidī	conditum	condere	1. gründen 2. verwahren
cōnferō	contulī	collātum	cōnferre	1. zusammentragen 2. zusammendrängen 3. vergleichen
cōnficiō	cōnfēcī	cōnfectum	cōnficere	1. verfertigen 2. beenden
cōnfīdō	cōnfīsus sum	-	cōnfīdere	vertrauen
cōnfiteor	cōnfessus sum	-	cōnfitērī	gestehen; bekennen
congredior	congressus sum	-	congredī	zusammenkommen; zusammentreffen
coniungō	coniūnxī	coniūnctum	coniungere	verbinden
conquīrō	conquīsīvī	conquīsītum	conquīrere	zusammensuchen
cōnsīdō	cōnsēdī	-	cōnsīdere	sich niederlassen
cōnsistō	cōnstitī	-	cōnsistere	sich aufstellen; haltmachen
cōnspiciō	cōnspexī	cōnspectum	cōnspicere	erblicken
cōnstituō	cōnstituī	cōnstitūtum	cōnstituere	1. aufstellen 2. festsetzen 3. beschließen
cōnsuēscō	cōnsuēvī	cōnsuētum	cōnsuēscere	sich gewöhnen
cōnsulō	cōnsuluī	cōnsultum	cōnsulere	1. um Rat fragen 2. beraten 3. beschließen 4. mit Dat.: sorgen für
cōnsūmō	cōnsūmpsī	cōnsūmptum	cōnsūmere	verbrauchen
contemnō	contempsī	contemptum	contemnere	verachten
contendō	contendī	-	contendere	1. sich anstrengen 2. eilen 3. kämpfen
corruō	corruī	-	corruere	einstürzen; zusammenbrechen
crēdō	crēdidī	crēditum	crēdere	1. glauben 2. anvertrauen
crēscō	crēvī	crētum	crēscere	wachsen
cupiō	cupīvī	cupītum	cupere	wünschen; wollen
currō	cucurrī	-	currere	laufen

dēcernō	dēcrēvī	dēcrētum	dēcernere	entscheiden; beschließen
dēfendō	dēfendī	dēfēnsum	dēfendere	verteidigen

dēficiō	dēfēcī	dēfectum	dēficere	1. abnehmen 2. schwinden 3. versagen
dēiciō	dēiēcī	dēiectum	dēicere	1. hinabwerfen 2. verschlagen
dēleō	dēlēvī	dēlētum	dēlēre	zerstören; vernichten
dēsinō	dēsiī	–	dēsinere	aufhören
dēsistō	dēstitī	–	dēsistere	ablassen
dēsum	dēfuī	–	dēesse	fehlen
dētegō	dētēxī	dētēctum	dētegere	entdecken; aufdecken
dīco	dīxī	dictum	dīcere	sagen
differō	distulī	dīlātum	differre	1. aufschieben 2. sich unterscheiden
diffīdō	diffīsus sum	–	diffīdere	mißtrauen; zweifeln
dīligō	dīlēxī	dīlēctum	dīligere	lieben
dīripiō	dīripuī	dīreptum	dīripere	plündern
discō	didicī	–	discere	lernen
dīvidō	dīvīsī	dīvīsum	dīvidere	trennen; teilen
dō	dedī	datum	dare	geben
doceō	docuī	doctum	docēre	lehren
domō	domuī	domitum	domāre	zähmen; unterwerfen
dūcō	dūxī	ductum	dūcere	führen

edō	ēdī	ēsum	edere	essen
efferō	extulī	ēlātum	efferre	hinausbringen
ēligō	ēlēgī	ēlēctum	ēligere	auswählen
emō	ēmī	ēmptum	emere	kaufen
eō	iī	itum	īre	gehen
ērigō	ērēxī	ērēctum	ērigere	aufrichten
exeō	exiī	exitum	exīre	1. herausgehen; ausziehen 2. zu Ende gehen
expellō	expulī	expulsum	expellere	austreiben; vertreiben
experior	expertus sum	–	experīrī	versuchen; erproben
extendō	extendī	extēnsum	extendere	ausdehnen; ausstrecken
extrahō	extrāxī	extractum	extrahere	herausziehen

faciō	fēcī	factum	facere	tun; machen
fallō	fefellī	–	fallere	täuschen
faveō	fāvī	fautum	favēre	geneigt sein; begünstigen
ferō	tulī	lātum	ferre	tragen; bringen
fingō	fīnxī	fictum	fingere	bilden; erdichten
fīō	factus sum	–	fierī	1. werden 2. geschehen 3. gemacht werden
flectō	flexī	flexum	flectere	beugen; biegen
fleō	flēvī	flētum	flēre	weinen
fluō	flūxī	–	fluere	fließen
frangō	frēgī	frāctum	frangere	zerbrechen
fugiō	fūgī	–	fugere	fliehen; vermeiden

gaudeō	gavīsus sum	–	gaudēre	sich freuen
gerō	gessī	gestum	gerere	1. tragen 2. (aus)führen
iaciō	iēcī	iactum	iacere	werfen; schleudern
incendō	incendī	incēnsum	incendere	anzünden; anfeuern
incidō	incidī	–	incidere	1. in etw. geraten 2. sich ereignen
incipiō	coepī	coeptum	incipere	anfangen; beginnen
inclūdō	inclūsī	inclūsum	inclūdere	(ein)schließen
ineō	iniī	initum	inīre	1. hineingehen 2. beginnen
īnferō	intulī	illātum	īnferre	1. hineintragen 2. zufügen
īnfundō	īnfūdī	īnfūsum	īnfundere	hineingießen; darübergießen
ingredior	ingressus sum	–	ingredī	betreten
īnstruō	īnstrūxī	īnstrūctum	īnstrūere	1. aufstellen 2. ausrüsten
intellegō	intellēxī	intellēctum	intellegere	1. bemerken 2. einsehen 3. verstehen
invādō	invāsī	invāsum	invādere	eindringen
iubeō	iussī	iussum	iubēre	befehlen
iungō	iūnxī	iūnctum	iungere	verbinden; vereinigen
lābor	lāpsus sum	–	lābī	gleiten; fallen
laedō	laesī	laesum	laedere	stoßen; verletzen
lavō	lāvī	lautum	lavāre	waschen
legō	lēgī	lēctum	legere	1. lesen 2. sammeln
loquor	locūtus sum	–	loquī	sprechen
lūceō	lūxī	–	lūcēre	leuchten
lūdō	lūsī	lūsum	lūdere	spielen
mālō	māluī	–	mālle	lieber wollen
maneō	mānsī	mānsum	manēre	1. bleiben 2. erwarten
mentior	mentītus sum	–	mentīrī	lügen
metuō	metuī	–	metuere	fürchten
minuō	minuī	minūtum	minuere	vermindern
misceō	miscuī	mixtum	miscēre	mischen
mittō	mīsī	missum	mittere	1. schicken 2. (los)lassen
morior	mortuus sum	–	morī	sterben
moveō	mōvī	mōtum	movēre	1. bewegen 2. veranlassen
nancīscor	nactus sum	–	nancīscī	antreffen; erlangen
neglegō	neglēxī	neglēctum	neglegere	1. nicht beachten 2. vernachlässigen
nītor	nīsus (nīxus) sum	–	nītī	sich stützen; sich anstrengen
nōlō	nōluī	–	nōlle	nicht wollen
nōscō	nōvī	nōtum	nōscere	kennenlernen; erkennen; erfahren

occīdō	occīdī	occīsum	occīdere	töten
offendō	offendī	offēnsum	offendere	1. beleidigen 2. anstoßen
opprimō	oppressī	oppressum	opprimere	1. unterdrücken 2. überfallen
orior	ortus sum	–	orīrī	1. entstehen 2. sich erheben
parcō	pepercī	–	parcere	schonen
pariō	peperī	partum	parere	hervorbringen; gewinnen
partior	partītus sum	–	partīrī	teilen; einteilen
patefaciō	patefēcī	patefactum	patefacere	öffnen
patefīō	patefactus sum	–	patefierī	geöffnet werden
patior	passus sum	–	patī	leiden; dulden; lassen; zulassen
pellō	pepulī	pulsum	pellere	1. stoßen 2. schlagen 3. vertreiben
pendeō	pependī	–	pendēre	(herab)hängen
persuādeō	persuāsī	persuāsum	persuādēre	1. überreden 2. überzeugen
petō	petīvī	petītum	petere	1. streben nach 2. losgehen auf 3. erbitten
plaudō	plausī	plausum	plaudere	Beifall klatschen
polliceor	pollicitus sum	–	pollicērī	versprechen
pōnō	posuī	positum	pōnere	setzen; stellen; legen
possideō	possēdī	possessum	possidēre	besitzen
possum	potuī	–	posse	können
potior	potītus sum	–	potīrī	sich bemächtigen
praetereō	praeteriī	praeteritum	praeterīre	1. vorbeigehen 2. übergehen
premō	pressī	pressum	premere	drücken; bedrängen
prōcēdō	prōcessī	prōcessum	prōcēdere	vorrücken; Fortschritte machen
proficīscor	profectus sum	–	proficīscī	aufbrechen; marschieren
prōmittō	prōmīsī	prōmissum	prōmittere	versprechen
prōsum	prōfuī	–	prōdesse	nützen
quaerō	quaesīvī	quaesītum	quaerere	1. suchen 2. fragen
queror	questus sum	–	querī	klagen; beklagen
rapiō	rapuī	raptum	rapere	rauben
recipiō	recēpī	receptum	recipere	1. zurückziehen 2. aufnehmen
reddō	reddidī	redditum	reddere	wiedergeben
redeō	rediī	reditum	redīre	zurückkehren
redimō	redēmī	redēmptum	redimere	loskaufen
referō	rettulī	relātum	referre	1. zurückbringen 2. hinbringen 3. berichten

regō	rēxī	rēctum	regere	regieren; lenken
regredior	regressus sum	–	regredī	zurückgehen
relinquō	relīquī	relictum	relinquere	1. zurücklassen 2. verlassen
repellō	reppulī	repulsum	repellere	zurücktreiben
reperiō	repperī	repertum	reperīre	1. finden 2. wiedergewinnen
respondeō	respondī	respōnsum	respondēre	antworten
retineō	retinuī	retentum	retinēre	zurückhalten
revertor	revertī	–	revertī	zurückkehren
rīdeō	rīsī	rīsum	rīdēre	lachen
rumpō	rūpī	ruptum	rumpere	1. (zer)brechen 2. zerreißen
saliō	saluī	–	salīre	springen
scrībō	scrīpsī	scrīptum	scrībere	schreiben
sedeō	sēdī	–	sedēre	sitzen
sentiō	sēnsī	sēnsum	sentīre	1. fühlen; merken 2. meinen
sepeliō	sepelīvī	sepultum	sepelīre	bestatten
sequor	secūtus sum	–	sequī	begleiten; folgen
sinō	sīvī	–	sinere	lassen; zulassen
soleō	solitus sum	–	solēre	pflegen; gewöhnlich (tun)
solvō	solvī	solūtum	solvere	1. lösen 2. bezahlen
sonō	sonuī	sonitum	sonāre	tönen
statuō	statuī	statūtum	statuere	aufstellen; festsetzen; beschließen
stō	stetī	statum	stāre	stehen
sum	fuī	–	esse	sein
sūmō	sūmpsī	sūmptum	sūmere	nehmen
surgō	surrēxī	surrēctum	surgere	aufstehen; sich erheben
tangō	tetigī	tāctum	tangere	berühren
tegō	tēxī	tēctum	tegere	decken; bedecken
tendō	tetendī	tentum	tendere	spannen
teneō	tenuī	tentum	tenēre	halten
tollō	sustulī	sublātum	tollere	1. aufheben; erheben 2. beseitigen
trādō	trādidī	trāditum	trādere	1. übergeben 2. überliefern
trahō	trāxī	tractum	trahere	ziehen; schleppen
trānseō	trānsiī	trānsitum	trānsīre	1. überschreiten; hinübergehen 2. vorübergehen
trānsiliō	trānsiluī	–	trānsilīre	hinüberspringen
tribuō	tribuī	tribūtum	tribuere	zuteilen
ulcīscor	ultus sum	–	ulcīscī	1. rächen 2. sich rächen an
ūtor	ūsus sum	–	ūtī	gebrauchen; benutzen

vehor	vectus sum	–	vehī	fahren; reiten
veniō	vēnī	ventum	venīre	kommen
vereor	veritus sum	–	verērī	sich scheuen; verehren; fürchten
versor	versātus sum	–	versārī	sich aufhalten
vertō	vertī	versum	vertere	wenden
vetō	vetuī	vetitum	vetāre	verbieten
videō	vīdī	vīsum	vidēre	sehen
vinciō	vīnxī	vīnctum	vincīre	fesseln
vincō	vīcī	victum	vincere	siegen; besiegen
volō	voluī	–	velle	wollen

Alphabetisches Verzeichnis der in Teil I und Teil II vorkommenden Lernvokabeln

Kursivierung der Lektionsangabe besagt, daß die Vokabel erstmalig in Teil II vorkommt.

ā, ab 9	von
ab eā parte *29*	auf dieser Seite; in diesem Abschnitt
a. Chr. n. (= ante Chrīstum nātum) 27,*4*	vor Christi Geburt; vor Christus
abdere *1*	verbergen
abesse 17	entfernt sein; abwesend sein; fehlen
abicere *27*	wegwerfen
abīre *2*	weggehen
absēns *35(a)*	abwesend
abstinēre *14*	sich enthalten
ac = atque 21; *32(a)*	und
accēdere *6*	herantreten; hinzukommen
accidit *5*	es ereignet sich; es widerfährt
accipere 20	1. annehmen 2. empfangen
accurrere 14	herbeilaufen
accūsāre *22*	anklagen
ācer 30	scharf; heftig
aciēs 10	1. Heer 2. Schlacht
ad 2	zu; nach; bei
ad diem *18*	auf den Tag; rechtzeitig
ad ūnum omnēs *24*	alle ohne Ausnahme
addere 15	hinzufügen
addūcere 20	herbeiführen
adesse 5	dabeisein; anwesend sein
adesse (m. Dat.) 10	helfen
adhūc 33	bis jetzt
adipīscī *12*	erlangen; erreichen
adīre *2*	herangehen; besuchen; bitten; angreifen
aditus 24	Zugang
adiuvāre 9	unterstützen; helfen
administrāre 8	1. verwalten 2. besorgen
admīrārī *13*	bewundern
admīrātiō *5*	Bewunderung
admittere 28	zulassen
admovēre *4*	heranbewegen
adōrāre *25*	anbeten
adorīrī *33(b)*	angreifen
adulēscēns *11*	1. junger Mann 2. jung
advenīre 34	ankommen
adventus 28	Ankunft
adversārius *5*	Gegner
adversus 23	1. zugewandt 2. feindlich
advocāre 16	herbeirufen
advolāre *30(a)*	herbeifliegen; herbeieilen
aedificāre 14	bauen
aedificium 18	Gebäude
aegrē *30(a)*	mit Mühe
aegrōtus 5	krank
aequus 27	1. gleich 2. gerecht 3. günstig
aes *23*	Bronze; Erz
aestās *20*	Sommer
aetās 19	1. Zeitalter 2. Lebensalter
aeternus *28*	ewig
afferre 35	1. (herbei)bringen; zufügen 2. melden
afficere 25	versehen mit
age! 33	wohlan!; auf!
ager 21	Feld; (Acker)land
agere 4	treiben; betreiben; verhandeln
aggredī *12*	angreifen
agmen 25	1. (Heeres)zug 2. Marsch
agricola 7	Bauer
albus 35	weiß
alere 27	ernähren

aliēnus *2*	fremd
aliquandō 15	einst; irgendwann
aliquantus *35(b)*	ziemlich groß; beträchtlich
aliquī *29*	irgendein; ein
aliquis *29*	irgendjemand; jemand Neutr.: irgendetwas; etwas
aliquot *35(b)*	einige
alius 6	ein anderer
alius ... alius *9*	der eine ... der andere
alter 20	1. der eine; der andere 2. der zweite
alter ... alter *19*	der eine ... der andere
altitūdō 24	1. Höhe 2. Tiefe
altum 24	1. Höhe 2. Tiefe
altus 4	1. hoch 2. tief
amāre 4	lieben
ambulāre 3	spazierengehen
amīca 3	Freundin
amīcitia 22	Freundschaft
amīcus 3	Freund
āmittere 2	verlieren
amor 20	Liebe
an 10	etwa?
ancilla 1	Sklavin
angelus *28*	Engel
angustiae *35(a)*	Enge; Engpaß
angustus *8*	eng
anima *27*	Atem; Seele; Leben
animam efflāre *27*	sein Leben aushauchen
animadvertere 20	bemerken
animal 26	Lebewesen; Tier
animus 16	Geist; Herz; Mut
animō dēficere *18*	den Mut sinken lassen
annus 11	Jahr
ante 5	vor
ante(ā) 14	vorher
anteīre *10*	vorangehen
antīquus 18	alt
ānxius *17*	ängstlich
aperīre 4	öffnen
apertus 4	offen

apostolus *27*	Apostel
appārēre 16	erscheinen; offenkundig sein
appellāre *35(a)*	anrufen; nennen
appellere 30	herantreiben
apportāre 2	herbeitragen; bringen
appropinquāre 6	sich nähern
apud 16	bei
ōrātiōnem habēre apud *29*	eine Rede halten vor
aqua 18	Wasser
aquārī *29*	Wasser holen
āra 23	Altar
arbitrārī *11*	meinen
arbor 4	Baum
arcēre 17	1. abwehren 2. fernhalten
arcus 31	Bogen
ārdēre *8*	brennen
arēna 7	Sand; Kampfbahn
argenteus *22*	silbern
argentum *22*	Silber(schatz)
arma 21	Waffen
armāre *31(a)*	bewaffnen
ars 24	1. Geschicklichkeit 2. Kunst
arx 27	Burg
ascendere 4	besteigen; hinaufsteigen
asellus 35	Esel
asinus 15	Esel
asper *34(a)*	rauh
assentīrī *11*	zustimmen
assequī *11*	erreichen; erlangen
assuēfacere *14*	gewöhnen
assuēfierī *14*	sich gewöhnen
at 29	jedoch
āter 34	1. schwarz 2. grauenvoll
atque 21	und
atrōx 35	gräßlich
attentus 15	aufmerksam
auctor *8*	Urheber; Anstifter
auctōritās *7*	1. Ermächtigung 2. Ansehen; Einfluß
audācia 34	1. Kühnheit 2. Frechheit

audāx *17*	kühn; frech
audēre 34; *14*	wagen
audīre 1	hören
auferre 35	wegtragen; beseitigen
augēre 16	vergrößern
aula 2	Hof
aureus 20	golden
aurum 25	Gold
aut 16	oder
aut ... aut 16	entweder ... oder
autem 12	aber; jedoch
auxiliārī *11*	helfen
auxilium 18	Hilfe
auxilia *12*	Hilfstruppen
avāritia *14*	Habgier; Geiz
avārus *22*	habgierig; geizig
avunculus 10	Onkel
avus 11	Großvater
balneae 26	Hallenbad
bellum 18	Krieg
bene 8	gut
bēstia 15	Tier
bibere *16*	trinken
bīduum *34* (a)	Zeitraum von zwei Tagen; zwei Tage
blandus 31	freundlich; schmeichelnd
bonus 3	gut
bona 33	Güter; Besitz
bōs *8*	Rind
brevis 30	kurz
brevitās *2*	Kürze
cadāver 35	Leiche
cadere 7	fallen
caedere 4; *22*	fällen; töten
caedēs *5*	Ermordung; Blutbad
caelum 24	Himmel
callidus 31	schlau
calor 7	Wärme
campus 3	Feld; freier Platz
candidātus 9	Kandidat
canere 1; 9	1. singen 2. blasen; spielen
canis *14*	Hund
capere 2	fassen; nehmen; fangen
captīvus 10	Gefangener
caput 21	1. Kopf 2. Hauptstadt
capitis damnāre *3*	zum Tode verurteilen
carmen 18	Spruch; Lied; Gedicht
carō *20*	Fleisch
carrus 7	Wagen
cārus 31	lieb; teuer
casa 11	Hütte
castellum *20*	Festung; Kastell
castra 27	(Feld)lager
castra movēre *35(a)*	aufbrechen
castra pōnere *4*	das Lager aufschlagen
cāsus *33(a)*	Fall; Zufall
catēna 13	Kette
causa 22	Grund
causā (nach Gen.) *3*	wegen
causam dīcere *5*	sich vor Gericht verantworten
cautus 31	vorsichtig
cēdere 27	1. gehen 2. weichen
celebrāre 3	feiern; preisen
celer 30	schnell
celeritās 19	Schnelligkeit
celeriter 9	schnell
cēna 2	Essen; Mahlzeit
cēnāre *1*	speisen
cēnsēre *7*	meinen; beantragen; beschließen
centum *1*	hundert
centuriō *32(a)*	Centurio; Hauptmann
certāmen 31	Wettkampf
certāre 31	streiten; kämpfen
certē 29	gewiß; sicher
certus *14*	entschieden; sicher
certiōrem facere *35(a)*	benachrichtigen
certior fīō *14*	ich werde benachrichtigt
cēterī 9	die übrigen; die anderen
cibus 2	Speise; Essen; Futter
cingere *34(a)*	gürten; umgeben
cinis 34	Asche
circiter *35(a)*	ungefähr
circum *8*	rings um; an ... umher

circumagere *16*	herumführen
circumdare 12	umgeben
circumsistere *1*	umringen
circumstāre *16*	herumstehen; umherstehen
circumvenīre 28	umzingeln
circus 7	Zirkus; (Pferde-)Rennbahn
citerior *20*	der diesseitige
citō *17*	schnell
citrā *20*	diesseits
cīvis 24	Bürger
cīvitās 19	1. Staat; Gemeinde 2. Bürgerrecht
clādēs 27	Niederlage
clam 21	heimlich
clāmāre 5	rufen; schreien
clāmor 6	Geschrei
clārus 16	hell; berühmt
classis 33	Flotte
claudere 24	1. abschließen 2. einschließen
clēmēns *4*	milde
clēmentia *4*	Milde
coepisse *4*	angefangen haben
cōgere 13	1. zwingen 2. versammeln
cōgitāre *23*	denken; beabsichtigen
cognōmen *2*	Beiname
cognōscere 10	erkennen; erfahren
cohors *27*	Kohorte
colere 16	1. bebauen 2. pflegen 3. verehren
collēga 8	Amtsgenosse; Kollege
colligere 6	sammeln
collocāre 19	aufstellen
colloquī *11*	sich unterreden
colloquium 25	Unterredung
collum *9*	Hals
columba 3	Taube
comes 25	Begleiter
comitārī *16*	begleiten
comitātus *32(b)*	Begleitung; Gefolge

commemorāre *7*	erwähnen
commendāre *17*	anvertrauen
committere *4*	1. veranstalten; begehen 2. anvertrauen
proelium committere *4*	den Kampf beginnen
scelus committere *15*	ein Verbrechen begehen
commovēre 28	1. (innerlich) bewegen 2. veranlassen
commūnis *13*	gemeinsam; allgemein
comparāre 23	1. beschaffen 2. vergleichen
complēre 9	anfüllen; füllen
complūrēs *15*	mehrere; einige
comprehendere *1*	ergreifen; festnehmen
cōnārī *11*	versuchen
concēdere *16*	einräumen; nachgeben; gestatten
concilium *17*	Versammlung
concordia 19	Eintracht
concurrere *30(a)*	zusammenlaufen
condere 17	1. gründen 2. verwahren
condiciō *4*	Bedingung; Lage
cōnferre 35	1. zusammentragen 2. zusammendrängen 3. vergleichen
se cōnferre 35	sich begeben
cōnfestim *30(a)*	unverzüglich
cōnficere 22	1. verfertigen 2. beenden
cōnfīdere *14*	vertrauen
cōnfīrmāre 16	1. stärken 2. versichern
cōnfitērī *11*	gestehen; bekennen
congredī *12*	zusammenkommen; zusammentreffen
conicere *3*	werfen
coniungere 22	verbinden
coniūrāre *6*	sich verschwören

coniūrātiō *6*	Verschwörung
coniūrātus *1*	Verschwörer
conquīrere *23*	zusammensuchen
cōnscendere 5	besteigen
cōnsēnsus *30 b)*	Übereinstimmung; Zustimmung
cōnsīdere 4	sich setzen
cōnsilium 21	1. Rat 2. Ratsversammlung 3. Absicht
cōnsilium inīre *6*	einen Plan fassen
cōnsistere *2*	sich aufstellen; haltmachen
cōnspectus *6*	Anblick; Blickfeld
cōnspicārī *25*	erblicken
cōnspicere *11*	erblicken
cōnstāns 30	1. standhaft 2. beständig
cōnstantia *6*	Standhaftigkeit
cōnstāre (ex) 8	bestehen (aus)
magnō cōnstāre *16*	viel kosten
cōnstat *5*	es steht fest; es ist bekannt
cōnstituere 30	1. aufstellen 2. festsetzen 3. beschließen
cōnsuēscere *7*	sich gewöhnen
cōnsuētūdō *9*	Gewohnheit; Umgang; Lebensweise
cōnsul 8	Konsul
cōnsulātus *31(b)*	Konsulat
cōnsulere (m. Akk.) 8	1. um Rat fragen 2. beraten 3. beschließen
cōnsulere (m. Dat.) 10	sorgen für
cōnsultō *29*	absichtlich
cōnsultum *3*	Beschluß
cōnsūmere 25	verbrauchen
contemnere *35(a)*	verachten
contendere 25	1. sich anstrengen 2. eilen 3. kämpfen
contentiō *33(a)*	Anspannung; Streit
contentus *25*	zufrieden
continēre 26	1. enthalten 2. umfassen
contiō 33	(Volks)versammlung
contrā 9	gegen; dagegen
contrahere *9*	zusammenziehen; einziehen
contrōversia 13	Streit
convenīre 22	zusammenkommen
convertere *33(a)*	umdrehen; wenden
convīva 5	Gast
convīvium *16*	Gastmahl
convocāre 14	zusammenrufen
cōpia 10	Menge; Vorrat
cōpiae 10	Truppen
cōram 33	vor; im Angesicht von; gegenüber
cornū 24	1. Horn 2. Flügel (eines Heeres)
corōna 6	Kranz
corpus 22	Körper
corrigere *26*	berichtigen
corruere 34	einstürzen; zusammenbrechen
corvus 15	Rabe
cottīdiē 22	täglich
creāre 8	1. wählen 2. erschaffen
crēber *34(a)*	zahlreich; häufig
crēdere 16	glauben; anvertrauen
cremāre *35(b)*	verbrennen
crēscere 34	wachsen
crūdēlis 30	grausam
crūdēlitās *1*	Grausamkeit
crux *10*	Kreuz
cui? 10	wem?
cuius? 11	wessen?
cum (m. Abl.) 6	mit
cum (inv.) 16	als (plötzlich)
cum (it.) 18	(jedesmal) wenn
cum (m. Konj.) *1*	da; als; weil; obwohl; während
cum prīmum 32	sobald
cūnctārī *11*	zögern

cūnctātiō *29*	Zögern
cūnctī 6	alle
cupere 4	wünschen; wollen
cupiditās *3*	Begierde
cupidus *3*	begierig (nach)
cūr? 8	warum?
cūra 11	Sorge; Pflege
cūrāre 25	1. (be)sorgen 2. pflegen
cūria 8	1. Rathaus 2. Ratsversammlung
currere 1	laufen
currus 32	Wagen
cursus *24*	Lauf; Kurs
custōdīre 23	bewachen
custōs 24	Wächter
damnāre *2*	verurteilen
capitis damnāre *3*	zum Tode verurteilen
dare 10	geben
dare in fugam 15	in die Flucht schlagen
dē 7	1. von; von herab 2. über
dea 18	Göttin
dēbēre 8	1. müssen 2. schulden; verdanken
dēcēdere *32(a)*	weggehen
decem 20	zehn
dēcernere *3*	entscheiden; beschließen
decimus 7	der zehnte
dēcipere *14*	täuschen
dēclārāre *30(b)*	verkünden; erklären
dēdere *4*	übergeben; ergeben
dēdūcere *31*(b)	wegführen
dēesse 4	fehlen
dēfendere (a) 19	verteidigen (gegen)
dēferre *31(b)*	überbringen; übertragen
dēficere 32	1. abnehmen 2. schwinden 3. versagen
animō dēficere *18*	den Mut sinken lassen

dēicere 30	1. hinabwerfen 2. verschlagen
deinde 18	dann; darauf
dēlectāre 3	erfreuen
dēlēre 21	zerstören; vernichten
dēlīberāre 14	überlegen
delphīnus 34	Delphin
dēmentia 35	Wahnsinn
dēmittere *23*	hinablassen; hinabwerfen
dēmōnstrāre 22	zeigen
dēnique *5*	zuletzt; endlich
dēns *12*	Zahn
dēnsus 16	dicht
dēpōnere 11	niederlegen
dēportāre *5*	fortschaffen
dērīdēre 23	verlachen
dēscendere 35; *11*	hinabsteigen; sich senken
dēsīderāre *31(b)*	ersehnen; vermissen
dēsilīre *33(b)*	hinabspringen
dēsinere 16	aufhören
dēsistere *1*	ablassen
dēspērāre (dē) 29	verzweifeln (an)
dēspoliāre 9	berauben
dētegere *6*	entdecken; aufdecken
dēterrēre *35(b)*	abschrecken
dētrahere *19*	abziehen; wegziehen
dētrīmentum 26	Schaden
deus 3	Gott
dēvorāre 2	fressen
dexter 24	der rechte
dīcere 5	sagen
causam dīcere *5*	sich vor Gericht verantworten
salūtem dīcere *5*	grüßen
dictātor *34(b)*	Diktator
diēs 2	Tag
ad diem *18*	auf den Tag; rechtzeitig
in diēs *14*	von Tag zu Tag
differre *3*	1. aufschieben 2. sich unterscheiden
difficilis 30	schwierig

diffīdere *14*	mißtrauen; zweifeln
dīgnitās *13*	Würde
dīgnus *18*	würdig
dīligēns *17*	sorgfältig; genau
dīligere *1*	lieben
dīmittere *13*	wegschicken; entlassen
dīripere *3*	plündern
discēdere *29*	auseinandergehen; weggehen
discere 22	lernen
discipulus 25	Schüler
disputāre 33	sich unterhalten; diskutieren
diū 5	lange
diūtius *8*	länger
dīversus *6*	entgegengesetzt; verschieden
dīves *3*	reich
dīvidere *24*	trennen; teilen
dīvīnus 32	göttlich
dīvitiae 22	Reichtum
docēre *12*	lehren
doctus *24*	gelehrt; gebildet
dolēre 5	traurig sein; bedauern
dolor 16	Schmerz
dolōsus *16*	listig; trickreich
dolus 14	List
domāre 32	zähmen; unterwerfen
domina 1	Herrin
dominātiō 32	Herrschaft
dominus 1	Herr
domus 31; *1*	Haus
domī 8	zu Hause
domum 13	nach Hause
dōnāre *9*	schenken
dōnum 21	Gabe; Geschenk
dormīre 21	schlafen
dubitāre 16	1. zögern 2. zweifeln
dubitātiō *34(a)*	Zweifel
dubius *5*	zweifelhaft
dūcere 9	führen
dulcis *14*	süß; lieblich
dum (m. Ind.) 18	während
dum (m. Konj.) *10*	1. wenn nur 2. bis; damit inzwischen
duo *3*	zwei
duodecim 19	zwölf
duodēsexāgēsimus *16*	der achtundfünfzigste
dūrus 21	hart
dux 19	(An)führer
ē; ex 7	aus
ecce! 8	da!; sieh!; bitte
ecclēsia *20*	Kirche
edere *6*	essen
ēdere *1*	herausgeben; hervorbringen
ēdūcere *33(a); 33(b)*	herausführen; herausziehen
efferre *34(a)*	hinausbringen
efficere 25	1. bewirken 2. hervorbringen
efflāre animam 27	sein Leben aushauchen
effugere 23	entfliehen
egō 8	ich
ēgredī *34(b)*	hinausgehen
elephantus 26	Elefant
ēligere 31	auswählen
emere *7*	nehmen; kaufen
ēmittere 26	loslassen; ausschicken
enim *1*	denn; nämlich
eō *2*	dorthin
eōdem *34(b)*	ebendorthin
epistula *1*	Brief
eques *16*	Reiter; Ritter
equidem 32	ich wenigstens
equitāre 5	reiten
equitātus 24	Reiterei
equus 2	Pferd
ērigere *17*	aufrichten
ēripere *13*	entreißen
errāre 15	1. irren 2. umherirren
ērumpere *4*	ausbrechen
ēruptiō *35(a)*	Ausbruch; Ausfall
esse 1	sein
et 1	und
et (am Anfang eines HS) 14	und tatsächlich
et ... et 5	sowohl ... als auch
etiam 2	auch; sogar
ēvādere 30	herausgehen; entkommen
ēvenīre *1*	herauskommen; sich ereignen

ēventus *32(a)*	Ausgang; Erfolg
ēvertere *30(b)*	umkehren; zerstören
ēvītāre 24	vermeiden
excipere *10*	1. ausnehmen 2. aufnehmen
excitāre 15	1. anregen 2. aufscheuchen
exclāmāre 32	ausrufen
exemplum *19*	Beispiel
exercēre 26	üben
exercitus 24	Heer
exilium 23	Exil; Verbannung
exīre *2*	1. herausgehen; ausziehen 2. zu Ende gehen
exīstimāre 14	glauben; meinen
expedītus *32(b)*	unbehindert; kampfbereit
expellere 32	austreiben; vertreiben
experīrī *12*	versuchen; erproben
explōrātor *35(a)*	Kundschafter
expōnere *24*	1. aussetzen 2. auseinandersetzen
expūgnāre 21	erobern
exsequī *21*	ausführen; vollstrecken
exspectāre 5	erwarten
extendere *4*	ausdehnen; ausstrecken
exterior *20*	der äußere
externus *16*	auswärtig
extrā *20*	außerhalb
extrahere *6*	herausziehen
extrēmus *2*	der äußerste
faber *11*	Handwerker; Schmied
fābula 3	Geschichte; Fabel
facere 20	tun; machen
faciēs *29*	Gesicht
facilis 30	leicht
facile *10*	leicht
facinus 27	1. Tat 2. Untat
factum *21*	Handlung; Tat
facultās *31(a)*	Möglichkeit; Fähigkeit
fallere 1	täuschen
falsus *11*	falsch
fāma *30(a)*	Gerücht; Ruf
famēs 25	Hunger
familia 3	Familie
familiāris *34(b)*	Freund

fatīgāre 7	müde machen
fātum 31	Schicksal
favēre *5*	geneigt sein; begünstigen
fax *8*	Fackel
fēlīx 30	glücklich
fēmina 13	Frau
fenestra 3	Fenster
ferē *10*	fast; etwa
fēriae 4	Ferien
ferōx 32	wild
ferre 35	tragen; bringen
molestē ferre *2*	übelnehmen; sich ärgern
ferreus *28*	eisern
ferrum *5*	Eisen; Schwert
fēstus 3	festlich; Fest-
fidēlis 31	treu; zuverlässig
fidēs 21	1. Treue 2. Vertrauen 3. Schutz
fidem sequī *13*	Schutz suchen
fīdus 16	treu; zuverlässig
fierī *14*	1. werden 2. geschehen 3. gemacht werden
obviam fierī *32(b)*	begegnen
certior fīō *14*	ich werde benachrichtigt
fīlia 14	Tochter
fīlius 2	Sohn
fingere *3*	bilden; erdichten
fīnīre 5	beenden
fīnis *8*	1. Grenze 2. Ende
fīnēs *8*	Gebiet
finitimus 19	benachbart; Nachbar
firmāre 19	1. stärken 2. sichern 3. ermutigen
flamma 30	Flamme
flectere *25*	beugen; biegen
flēre *9*	weinen
flōs 6	Blume
flūctus 30	Welle; Flut
fluere *13*	fließen
flūmen 18	Fluß
fluvius 11	Fluß
foedus *7*	Bündnis; Vertrag

fore 31	= futūrum (-am usw.) esse
formīca 17	Ameise
forte 16	zufällig
fortis 30	tapfer
fortitūdō *16*	Tapferkeit
fortūna 29	Glück; Schicksal
forum 18	Markt; Marktplatz
fragmentum *25*	Bruchstück
frangere 21	(etwas) zerbrechen
frāter 11	Bruder
fraudāre 33	betrügen
fraus 33	Betrug
frīgidus 26	kalt
frīgus *10*	Kälte
frūctus *11*	Frucht; Ertrag
frūmentum 26	Getreide
frūstrā 14	vergeblich
fuga 15	Flucht
fugere 2	fliehen
fugitīvus 15	entlaufen
fūr 26	Dieb
furor *8*	Wut; Raserei
fūrtum *21*	Diebstahl
futūrus *26*	zukünftig
gallus 2	Hahn
gaudēre 1; *14*	sich freuen
gaudium 22	Freude
geminī 11	Zwillinge
gēns 24	1. Volksstamm 2. Sippe
genus *6*	1. Geschlecht; Abstammung 2. Gattung; Art
gerere 18	tragen; (aus)führen
rem gerere *5*	kämpfen
gladiātor 26	Gladiator
gladius 21	Schwert
glōria 10	Ruhm
glōriārī *11*	sich rühmen; prahlen
grātia 6	Dank; Ansehen; Beliebtheit
grātiās agere 6	danken
grātiam habēre *2*	dankbar sein

grātiam referre *6*	Dank abstatten
grātulārī *11*	gratulieren
grātus 23	1. angenehm 2. dankbar
gravis 30	1. schwer 2. ernst 3. wichtig
gravitās *18*	Schwere; Ernst; Würde
gubernāre *30(b)*	steuern
habēre 16	haben; halten für
grātiam habēre *2*	dankbar sein
in numerō habēre 22	zählen zu
ōrātiōnem habēre apud *29*	eine Rede halten vor
habitāre 26	(be)wohnen
hasta 6	Lanze; Speer
herī 14	gestern
hīberna *30(a)*	Winterlager
hic *6*	dieser
hiems 17	Winter
hodiē 5	heute
homō 21	Mensch
honestus 33	1. ehrenvoll 2. anständig 3. angesehen
honor 16	1. Ehre 2. Ehrenamt
hōra 3	Stunde
horribilis 34	entsetzlich
hortārī *11*	ermahnen; auffordern
hortus 2	Garten
hospes 31; *18*	Gastfreund: 1. Gast 2. Gastgeber
hospitālis *18*	gastlich
hostis 10	Feind
hūmānus *10*	menschlich
iacēre 7	liegen
iacere 31	werfen
iactāre *8*	1. schleudern; schütteln 2. prahlen
iam 7	schon
iānua 2	Tür

ibī 4	dort
īdem *16*	derselbe
īdem atque *16*	derselbe wie
īdem, quī *16*	derselbe wie
idōneus *8*	geeignet
igitur *9*	also
ignāvia *4*	Trägheit; Feigheit
igneus *28*	feurig; glühend
ignis 33	Feuer
īgnōrāre 13	nicht kennen; nicht wissen
īgnōscere *14*	verzeihen
īgnōtus 10	unbekannt
ille *6*	jener
illūdere *22*	verspotten
imitārī *11*	nachahmen
immēnsus 22	unermeßlich
imminēre 29	drohen
immōbilis *10*	unbeweglich
immortālis 30	unsterblich
impedīmenta *32(a); 32(b)*	Troß
impedīre 32	hindern; verhindern
imperāre 1	befehlen
imperātor 10	1. Feldherr 2. Kaiser
imperītus *35(b)*	unerfahren
imperium 18	Befehl; Herrschaft; Reich
impetrāre *13*	(durch Bitten) erlangen
impetus 28	1. Angriff 2. Schwung
impius 23	gottlos; frevelhaft
implōrāre *4*	anflehen; erflehen
imponere 22	auferlegen
importāre 26	einführen
improbus *16*	unredlich; schlecht
imprūdens *22*	unwissend; unklug
īmus *20*	der unterste
in (m. Abl.) 7	in (wo?)
in (m. Akk.) 2	in ... (hinein)
in diēs *14*	von Tag zu Tag
in perpetuum *30(a)*	für immer
incautus 15	unvorsichtig
incendere *8*	anzünden; anfeuern
incendium *8*	Brand; Feuer
incidere 15	1. in etwas geraten 2. sich ereignen
incipere 25	beginnen
incitāre 7	antreiben
inclūdere 29	einschließen
incognitus 31	unerkannt; unbekannt
incola 14	Einwohner
incolumis *11*	heil; unversehrt
incrēdibilis *5*	unglaublich
inde *35(b)*	daher; von dort
indīcere *7*	anzeigen; erklären
īnfectā rē *9*	erfolglos; unverrichteter Dinge
īnfēlīx 30	unglücklich
īnferior *20*	1. der untere 2. der geringere 3. der unterlegene
īnferre *8*	1. hineintragen 2. zufügen
bellum hostibus īnferre *8*	die Feinde (in ihrem Land) angreifen
īnfimus *20*	der unterste
sub īnfimō monte *20*	am Fuße des Berges
īnfrā *20*	unterhalb
īnfundere *8*	hineingießen; darübergießen
ingenium *3*	Anlage; Begabung
ingēns 30	ungeheuer
ingredī *12*	betreten
inimīcitia *33(a)*	Feindschaft
inimīcus 16	Feind
inīquus 27	1. ungleich 2. ungerecht 3. ungünstig
inīre *2*	hineingehen; beginnen
cōnsilium inīre *6*	einen Plan fassen
iniūria 28	Unrecht
iniūstitia 33	Ungerechtigkeit
iniūstus 29	ungerecht
inopīnāns *8*	nichtsahnend
inquit 15	sagt(e) er
īnsānābilis *26*	unheilbar
īnsciēns *29*	unwissend; ohne Wissen
īnscrībere 9	(dar)aufschreiben; eintragen
īnsidiae 10	Falle; Hinterhalt
īnstruere 10	1. aufstellen 2. ausrüsten
īnstrūmentum *28*	Werkzeug

īnsula 12	Insel
integer *30(b)*	unberührt; unversehrt
intellegere 27	1. bemerken 2. einsehen 3. verstehen
inter 14	zwischen; unter
intercipere *30(a)*	abfangen
intereā *22*	inzwischen
interesse 20	teilnehmen; dabeisein
interest 32	es ist ein Unterschied
interficere *4*	töten
intericere *29*	dazwischenwerfen; dazwischenlegen
interim *31(b)*	inzwischen
interior *20*	der innere
interīre *30(a)*	untergehen
interitus 28	Untergang
intermittere *30(a)*	unterbrechen; auslassen
interrogāre 8	fragen
intimus *20*	der innerste
intrā *20*	innerhalb
intrāre 2	eintreten; betreten
introīre *32(a)*	hineingehen
introitus 30	Eingang
inūtilis 32	unnütz; unbrauchbar
invādere 27	eindringen
invenīre 11	finden; entdecken
investīgāre *18*	aufspüren
invictus 28	unbesiegt
invidēre 16	beneiden
invidia *1*	1. Neid; Mißgunst 2. Haß
invītāre 5	einladen
invītus *9*	widerwillig; gegen den Willen
ipse *16*	selbst; persönlich; direkt
īra 11	Zorn
īrātus 27	zornig
īre *2*	gehen
irrumpere *33(a)*	einbrechen
iste *6*	dieser da
ita 3	so; folgendermaßen
itaque 4	daher; deshalb
item *35(b)*	ebenso; auch
iter 25	Weg; Marsch

iterum 34	wiederum; zum zweitenmal
iubēre 5	befehlen; auffordern
iūcundus 4	angenehm
iūdex *22*	Richter
iūdicāre 20	urteilen
iūdicium 20	1. Gericht 2. Urteil
iugum 32	1. Joch 2. Bergpaß
iungere *35(b)*	verbinden; vereinigen
iūrāre *8*	schwören
iūrgāre 9	streiten
iūs 24	Recht
iussū 32	auf Befehl
iūstitia 33; *2*	Gerechtigkeit
iūstus 31	gerecht; rechtmäßig
iūstissimus quisque *16*	gerade die Gerechtesten; alle Gerechten
iuvenis *6*	1. junger Mann 2. jung
lābī *11*	gleiten; fallen
labor 1	Arbeit; Mühe
labōrāre 1	arbeiten; sich bemühen
labyrinthus 23	Labyrinth
lacrima *17*	Träne
lacus *17*	See
laedere *25*	stoßen; verletzen
laetārī *11*	sich freuen
laetitia 6	Freude
laetus 4	fröhlich
lapis 25	Stein
latebrae *24*	Schlupfwinkel
lātitūdō *13*	Breite; Weite
lātus 26	1. breit 2. weit
laudāre 2	loben
laus 19	Lob
lautus *19*	gewaschen; sauber
lavāre 24	waschen
lectus 5	Bett; Liege
lēgātiō *7*	Gesandtschaft
lēgātus 27	1. Gesandter 2. Legat (röm. Offizier)
legere 9	1. lesen 2. sammeln
legiō 28	Legion
legiōnārius 10	Legionssoldat
leō 15	Löwe
lēx 19	Gesetz
libenter 3	gern

liber 13	Buch
līber 17	frei
līberāre 14	befreien
līberī 4	Kinder
lībertās 19	Freiheit
lībertus *16*	Freigelassener
libīdō *19*	Lust; Begierde; Willkür
licet 17	es ist erlaubt; man kann
ligneus 20	hölzern
lignum *8*	Holz
līmen *21*	Schwelle
līmes *20*	Grenzwall
lingua *1*	Zunge; Sprache
littera 9	Buchstabe
litterae 9	1. Buchstaben 2. Brief 3. Wissenschaften
lītus 20	Strand; Küste
locus 4	Ort; Platz; Stelle
loca *12*	Stellen; Gelände
longitūdō 21	Länge
longus 4	lang; weit
longē 17	weit
loquī *11*	sprechen
lūcēre *20*	leuchten
lūctuōsus *27*	traurig; jammervoll
lūdere 4	spielen
lūdus 7	Spiel
lupa 11	Wölfin
lupus 6	Wolf
lūx 35	Licht
maestus *12*	traurig
magis *8*	mehr; eher; lieber
magister 12	Lehrer
magistrātus 24	Amt; Beamter; Behörde
magnitūdō 35	Größe
magnus 3	groß
magnō cōnstāre *16*	viel kosten
māior *15*	größer
māiōrēs *16*	Vorfahren
mālle *9*	lieber wollen
mālum 20	Apfel
malus 3	schlecht; böse
male *15*	schlecht
mandātum 28	Auftrag; Befehl

māne 8	früh; morgens
manēre 23	1. bleiben 2. erwarten
manus 24	1. Hand 2. Schar
mare 24	Meer
marītus 14	Ehemann
māter 5	Mutter
mātrimōnium 31	Ehe
maximus 22; *15*	1. am größten; der größte 2. der älteste
quam maximē *35(a)*	so sehr wie möglich
mēcum 7	mit mir
medicīna 33	Heilmittel
medicus 5	Arzt
medius 24	der mittlere
melior *15*	besser
meminisse *10*	gedenken; sich erinnern
memoria 11	Erinnerung
mēnsa 5	Tisch
mēnsis *13*	Monat
mentīrī *11*	lügen
mercātor 17	Kaufmann
merēre *4*	verdienen; sich verdient machen
stipendia merēre *17*	Kriegsdienste leisten; dienen
merīdiēs 7	Mittag
meritum *35(a)*	das Verdienst
merx *24*	Ware
metuere 20	fürchten
metus *8*	Furcht
meus 12	mein
migrāre 8	wandern
mīles 10	Soldat
mīlia *4*	Tausende; -tausend
mīlitāris *13*	militärisch; Kriegs-
mīlitia *7*	Kriegsdienst
mīlle *15*	tausend
mīlia *4*	Tausende; -tausend
minārī *13*	drohen
minimus *15*	am kleinsten; der kleinste
minimē 13	keineswegs; am wenigsten
minister *16*	Diener
ministrāre *24*	dienen

minor *15*	kleiner
minuere 34	vermindern
mīrābilis 34	wunderbar; erstaunlich
mīrārī *11*	1. sich wundern 2. bewundern
miscēre *30(b)*	mischen
miser 13	arm; unglücklich
misericordia 11	Mitleid
mittere 17	1. schicken 2. (los)lassen
modus 22	Art und Weise
modo *1*	nur
modo ... modo *2*	bald ... bald
molestus *21*	beschwerlich; lästig
molestē ferre *2*	übelnehmen; sich ärgern
mollīre 17	erweichen
monēre 14	ermahnen; warnen
mōns 24	Berg
sub īnfimō monte *20*	am Fuße des Berges
mōnstrāre 12	zeigen
mōnstrum 30	Ungeheuer
monumentum *23*	Denkmal
morbus *14*	Krankheit
morī *12*	sterben
mors 29	Tod
mortem obīre *9*	sterben
mortālis 30	sterblich
mortuus 18	tot
mōs *6*	Sitte
mōrēs (Pl.) *6*	Charakter
mōtus 34	1. Bewegung 2. Erschütterung 3. Erregung
movēre 22	1. bewegen 2. veranlassen
castra movēre *35(a)*	aufbrechen
mox 29; *6*	bald
mulier 14	Frau
multī 4	viele
multo (b. Komp.) 31	viel
multum *15*	viel
multiplicāre *10*	vervielfachen
multitūdō 27	Menge
mundus 12	Welt
mūnīre *4*	befestigen
viam mūnīre *8*	einen festen Weg anlegen
mūnītīo 29	Befestigung
mūrus 9	Mauer
mūtāre 25	1. verändern 2. wechseln
nam 1	denn
nancīscī *32(a)*	antreffen; erlangen
narrāre 4	erzählen
natāre 26	schwimmen
nātūra *25*	Natur
nātus *34(a)*	geboren
nauta 12	Seemann; Matrose
nāvigāre 12	segeln; (be)fahren
nāvis 24	Schiff
nē m. Konj. im HS 23	nicht
nē m. Konj. im GS 23; 25	daß nicht; damit nicht
timēre, nē 25	fürchten, daß
nē ... quidem 33	nicht einmal
-ne (angehängt) 8	(Fragepartikel)
necāre 6	töten
necessārius *29*	notwendig
necesse *30(a)*	unausweichlich; nötig
negāre *7*	1. verneinen; sagen, daß nicht 2. sich weigern
neglegere 23	1. nicht beachten 2. vernachlässigen
negōtium *19*	Beschäftigung; Aufgabe
nēmō 22	niemand
nēmō ...nisī *29*	nur
neque 9	und nicht; auch nicht; aber nicht
neque ... neque 9	weder ... noch

nescīre 33; *3*	nicht wissen
neuter *28*	keiner von beiden
nēve *1*	und daß nicht; und damit nicht
niger 34	schwarz
nihil 17	nichts
nihil ... nisī *1*	nur
nimis *7*	zu sehr
nimius *9*	sehr groß; zu groß
nisī 17	wenn nicht
nēmō nisī *29*	nur
nisī ... nōn *8*	nur
nītī *19*	sich stützen; sich anstrengen
nix 35	Schnee
nōbilis 31	edel; adlig
nōbīscum 8	mit uns
nocēre *26*	schaden
noctū 27	bei Nacht
nocturnus *31(a)*	nächtlich
nōlle *9*	nicht wollen
nōmen 18	Name
nōmināre 9	nennen
nōn 1	nicht
nōn iam 7	nicht mehr
nōn modo ... sed etiam 16	nicht nur ... sondern auch
nōndum *10*	noch nicht
nōnne 10	etwa nicht?
nōnnūllī 28	einige
nōnnumquam *18*	manchmal
nōnus 7	der neunte
nōs 8	wir
nōscere *10*	kennenlernen; erkennen; erfahren
noster 9	unser
nostrum 31	von uns
nōtus *2*	bekannt
novem *8*	neun
novus 3	neu
nox 21	Nacht
nūbēs 34	Wolke
nūdus *25*	nackt
nūllus 29	keiner; kein
num 8	etwa?
numerāre 9	zählen
numerus 11	Zahl
numquam 13	niemals
nunc 3	jetzt; nun
nūntiāre 9	melden
nūntius 28	1. Bote 2. Botschaft
nūper *26*	neulich
obesse 27	schaden
obīre mortem *9*	sterben
obscūrus *31(b)*	verborgen; dunkel
observāre *26*	beobachten; beachten
obsidēre *31(a)*	belagern; kontrollieren
obsidiō *34(a)*	Belagerung
obviam 31	entgegen
obviam fierī *32(b)*	begegnen
occāsiō *24*	Gelegenheit
occidere *25*	untergehen
occīdere *30(b)*	töten
occultāre 15	verbergen
occultus *26*	verborgen; heimlich
occupāre *8*	besetzen; beschäftigen
occupātus *2*	beschäftigt
ōceanus 12	Ozean; Weltmeer
octō *12*	acht
oculus 15	Auge
ōdisse *10*	hassen
odium 33; *4*	Haß
odor 35	Geruch; Duft
offendere 28	1. beleidigen 2. anstoßen
offerre 35	anbieten
officium 24	Pflicht
ōlim 11	einst
olīva *20*	Olive; Ölbaum
ōmen 21	Vorzeichen
omnis 30	jeder; ganz; Pl.: alle
ad ūnum omnēs *24*	alle ohne Ausnahme
omnīnō *35(a)*	ganz und gar; überhaupt
onerāre *15*	beladen; belasten
opīniō *18*	Meinung; Erwartung; Ruf

oportet 19	1. es gehört sich 2. es ist nötig; man muß
oppidum 19	1. Stadt 2. fester Platz
opprimere 19	1. unterdrücken 2. überfallen
oppūgnāre 20	bestürmen
oppūgnātiō *31(a)*	Bestürmung
optāre 25	wünschen
optimus *15*	am besten; der beste
opus 18	Arbeit; Mühe; Werk
ōrāculum 20	Orakel
ōrāre 4	reden; bitten
ōrātiō 27	Rede
ōrātiōnem habēre apud *29*	eine Rede halten vor
ōrātor 2	Redner
orīrī *21*	1. entstehen 2. sich erheben
ōrnāmentum *23*	Schmuck
ōrnāre 6	schmücken
ōrnātus *25*	Schmuck
ōs *10*	Mund; Gesicht
ostendere *6*	entgegenstrecken; zeigen
ōstium 26	Mündung
ōtiōsus 34	1. müßig 2. wissenschaftlich tätig
ovis 30	Schaf
p. Chr. n. (post Chrīstum nātum) 27; *4*	nach Christi Geburt; nach Christus
paene 12	fast; beinahe
palam *30(b)*	öffentlich
pānis *28*	Brot
pār *17*	gleich
parāre 6	(vor)bereiten; verschaffen
parātus 29	bereit
parcere *4*	schonen
parentēs 34	Eltern
parere *4*	hervorbringen; gewinnen
pārēre 1	gehorchen

pars 27	1. Teil 2. Seite
ab eā parte *29*	auf dieser Seite; in diesem Abschnitt
partim *4*	teils
partīrī *12*	teilen; einteilen
parum *10*	zu wenig
parvus 3	klein
passus *32(a)*	Doppelschritt (1,5 m)
pāstor 11	Hirte
patefacere *14*	öffnen
pater 5	Vater
patefierī *14*	geöffnet werden
patēre *20*	sich erstrecken; offenstehen
patī *11*	leiden; dulden; lassen; zulassen
patria 14	Vaterland
patrius *13*	väterlich; heimatlich
paucī 28	wenige; nur wenige
paulātim 34	allmählich
paulō 14	ein wenig
paulum 35	ein wenig
pauper *26*	arm
pāx 19	Friede
peccāre *26*	einen Fehler machen; sündigen
pecūnia *13*	Geld
pedes *29*	Infanterist
peditātus *30(a)*	Infanterie
pēior *15*	schlechter
pellere 15	1. stoßen 2. schlagen 3. vertreiben
pellis *20*	Fell; Haut
pendēre 15	(herab)hängen
penna 15	Feder
per 2	durch
perdere *9*	zugrunderichten; verlieren
perferre *9*	1. überbringen 2. ertragen
perficere 32	vollenden; vollbringen
perfidia *14*	Treulosigkeit
perfugere *34(a)*	überlaufen
perīculōsus 31; *9*	gefährlich
perīculum 18	Gefahr

perīre *11*	zugrundegehen
perītus *3*	erfahren
permanēre *8*	verbleiben; verharren
permittere 25	erlauben
permovēre 27	(innerlich) bewegen; veranlassen
perniciēs *6*	Verderben
perpetuus *17*	ununterbrochen
in perpetuum *30(a)*	für immer
perrumpere 29	durchbrechen
persequī *21*	verfolgen
persōna *25*	Person
persuādēre 26	1. überreden 2. überzeugen
mihī persuāsum est *21*	ich bin überzeugt
pertinēre *29*	sich erstrecken; sich beziehen
pervenīre 31	hinkommen; gelangen
pēs 19	Fuß
pedem referre 35	sich zurückziehen
pessimus *15*	am schlechtesten; der schlechteste
petere 13	1. streben nach 2. losgehen auf 3. erbitten
petītiō *30(b)*	Bewerbung
philosophus 32	Gelehrter; Philosoph
pietās *23*	Pflichtgefühl; Frömmigkeit
piger 23	träge
pila 26	Ball
pīlum *33(a)*	Wurfspieß
pīrāta *7*	Seeräuber
pius *21*	fromm
plācāre 32	beruhigen; besänftigen
placēre 1	gefallen
plānitiēs 10	Ebene
plaudere *5*	Beifall klatschen
plēbs 19	Volk; Volksmenge
plēnus 11	voll
plūrēs *15*	mehr
plūrimī *15*	am meisten; die meisten
plūrimum *15*	am meisten
plūs *15*	mehr
poena 12	Strafe
poēta 18	Dichter
pollicērī *11*	versprechen
pondus *22*	Gewicht
pōnere 15	setzen; stellen; legen
castra pōnere *4*	das Lager aufschlagen
pōns *7*	Brücke
populus 8	Volk
porta 13	Tor
portāre 3	tragen
portus 24	Hafen
posse 27	können
possidēre 22	besitzen
possunt 17	sie können
post (m. Akk.) 6; *20*	nach; hinter
post (Adv.) 4	danach; später
post(eā) 4	danach; später
posterī *20*	die Nachkommen
posterior *20*	der spätere
posterus *3*	nachfolgend; später
postquam 17	nachdem
postrēmus *20*	der letzte
postrēmō *3*	zuletzt
postrīdiē 16	am folgenden Tag
postulāre 14	fordern
potēns 32	mächtig
potest 5	er kann
potestās *4*	1. Macht; Amtsgewalt 2. Möglichkeit
potīrī *12*	sich bemächtigen
potius *3*	eher; lieber
prae *20*	vor
praebēre 17	1. gewähren 2. zeigen
praecipere *34(a)*	vorschreiben
praeclārus 23	hochberühmt
praeda 13	Beute
praedārī *12*	Beute machen
praedicāre *20*	preisen; predigen
praeesse 24	führen; leiten
praefectus 34	Vorsteher; Befehlshaber
praemium 25	Belohnung
praesēns *33(b)*	anwesend; gegenwärtig
praesidium *29*	1. Schutz 2. Besatzung; Posten
praeter 15	1. außer 2. an … vorbei

praetereā *34(b)*	außerdem
praeterīre *2*	vorbeigehen; übergehen
praetermittere *24*	vorbeigehen lassen; übergehen
praetor *2*	Prätor; Richter
precārī *25*	bitten
premere *10*	drücken; bedrängen
pretiōsus *16*	kostbar; kostspielig
pretium 32	Preis
prīdiē *31(a); 31(b)*	am Tag vorher
prīmus 11; *20*	der erste
prīmō 21	anfangs; zuerst
prīnceps *7*	1. Führer; Fürst 2. (als) erster
prīncipātus 33	1. Vormacht 2. führende Stellung
prīncipium *25*	Anfang
prior *20*	der frühere; der vordere
prīstinus *10*	früher; alt
priusquam *3*	bevor
prīvātus *7*	privat; persönlich
prō 13	vor; für; anstatt
probāre *9*	prüfen; billigen; beweisen
prōcēdere 34	vorrücken; Fortschritte machen
procul 22; *8*	fern; von fern
prōdere *3*	1. verraten 2. überliefern
prōdesse 27	nützen
proelium *4*	Kampf
proelium committere *4*	den Kampf beginnen
proficīscī *11*	aufbrechen; marschieren
prōgredī *13*	vorrücken; vortreten
prohibēre *13*	fernhalten; hindern
prōicere *1*	1. vorwerfen 2. niederwerfen
prōlētārius 9	Proletarier
prōmittere 20	versprechen
prōnūntiāre *2*	bekanntmachen; aussagen
prope (m. Akk.) 21; *20*	nahe bei
prope (Adv.) *20*	1. in der Nähe 2. fast
prōpellere *33(a)*	vorwärtstreiben; verjagen
properāre 6	eilen
propinquus *24*	nahe; benachbart; verwandt
propior *20*	der nähere
propitius 23	gnädig
prōpōnere *31(a)*	vorlegen; in Aussicht stellen
propter 19	wegen
propterea *28*	deswegen
prōsequī *35(a)*	1. verfolgen 2. geleiten
prōspicere *17*	vorhersehen; Ausschau halten
prōvidēre (m. Dat.) *26*	sorgen für
prōvidēre (m. Akk.) *26*	vorhersehen
prōvincia 12	Provinz
proximus 15; *20*	der nächste: 1. der folgende 2. der voraufgegangene
prūdēns 33	klug
prūdentia *3*	Klugheit
pūblicus 8; *7*	staatlich; öffentlich
rēs pūblica 8	Staat; Republik
pudor *29*	Scham; Scheu
puella 4	Mädchen
puer 6	Junge
pueritia *3*	Kindheit
pūgna 10	Kampf; Schlacht
pūgnāre 10	kämpfen
pulcher 13	schön
pulchritūdō *18*	Schönheit
pūnīre 14	bestrafen
pūrgāre 5	säubern; reinigen
putāre 29	glauben
quā dē causā 22	warum?; darum
quā rē? 6	wodurch?; womit?
quadrāgintā *24*	vierzig

quadrīduum *31(b)*	Zeitraum von vier Tagen; vier Tage
quaerere 13	1. suchen 2. fragen
quaesō 25	bitte
quaestiō *13*	Frage; Untersuchung
quaestor *18*	Quästor
quālis *9*	wie (beschaffen)
quam 15	wie; wie sehr
quam (m. Komp.) 31	als
quam (m. Superl.) *15*	möglichst (m. Positiv)
quam maximē *35(a)*	so sehr wie möglich
quamdiū? 3	wie lange?
quamquam 17	obwohl; obgleich
quandō? 7	wann
quantopere *11*	wie sehr
quantus *18*	wie groß; wieviel
quārtus 27	der vierte
quasi 34	gleichsam; als wenn
quattuor 13	vier
-que (angehängt) 6	und
quem? 2	wen?
querī *12*	klagen; beklagen
quī 22	der; welcher
quīcumque *31(a)*	wer auch immer; jeder, der
quid? 1	was?
quīdam *4*	ein gewisser; ein; Pl.: einige
quidem 10	wenigstens; jedenfalls
nē ... quidem 33	nicht einmal
quiēs *31(a)*	Ruhe; Erholung
quiētus *29*	ruhig
quīn (m. Konj.) *5*	daß
quīn (m. Konj.: rel.) *18*	der nicht, die nicht, das nicht
quīn etiam *14*	ja sogar
quīndecim *10*	fünfzehn
quīnquāgintā *24*	fünfzig
quīnque *15*	fünf
quīntus *8*	der fünfte

quis? 1	wer?
quisquam *29*	irgendjemand; jemand Neutr.: irgendetwas; etwas
quisque *16*	jeder
iūstissimus quisque *16*	gerade die Gerechtesten; alle Gerechten
quō? 2	wohin?
quō ... eō (m. Komp.) *15*	je ... desto
quōcum? 6	mit wem?
quod 17	da; weil
quōmodo? 35	wie?; auf welche Weise?
quoque 29	auch
quotannīs 8	jedes Jahr
rāna 18	Frosch
rapere 14	rauben
rārō 18	selten
ratiō *31(a)*	1. Berechnung 2. Art und Weise 3. Vernunft
recēdere *33(a)*	zurückweichen
recipere 29	1. zurückziehen 2. aufnehmen
recitāre 18	vorlesen
rēctē 12	richtig
recuperāre *4*	wiedergewinnen
recurrere *33(b)*	zurücklaufen
reddere 28	wiedergeben
redimere *24*	loskaufen
redīre *2*	zurückkehren
reditus 30	Rückkehr
redūcere 25	zurückführen
referre 35	1. zurückbringen 2. hinbringen 3. berichten
grātiam referre *6*	Dank abstatten
pedem referre 35	sich zurückziehen
reficere *7*	wiederherstellen; reparieren
sē reficere *21*	sich erholen
regere 20	regieren; lenken

rēgīna 23	Königin
regiō 22	1. Richtung 2. Gegend
rēgnāre 16	regieren
rēgnum 25	Königreich
regredī *12*	zurückkehren
reicere *33(b)*	zurückwerfen
religiō *22*	Scheu; Gottesverehrung; religiöse Bedeutung
relinquere 18	zurücklassen; verlassen
reliquiae 29	Überreste
reliquus 29	übrig
removēre 22	entfernen
renovāre *5*	erneuern; wiederaufnehmen
repellere 18	zurücktreiben
repentīnus *30(a)*	plötzlich
reperīre 25	1. finden 2. wiedergewinnen
repudiāre 33	zurückweisen; ablehnen
rēs 4	Sache; Ding; Besitz
rēs adversae 23	Unglück
rēs gestae 11	1. Taten 2. Geschichte
rēs pūblica 8	Staat; Republik
rem gerere *5*	kämpfen
īnfectā rē *9*	erfolglos; unverrichteter Dinge
rē vērā *33(b)*	tatsächlich
resistere *5*	sich widersetzen
respicere *17*	zurückschauen; berücksichtigen
respondēre 14	antworten
retinēre 23	zurückhalten
reversus *15*	zurückgekehrt
revertī *14*	zurückkehren
revocāre *10*	zurückrufen
rēx 19	König
rīdēre 7	lachen
rīpa 11	Ufer
rītus *25*	Brauch
rōbur 21	Kraft
rogāre 12	bitten; fragen
rōstra (Pl.) *35(b)*	Rednerbühne (auf dem Forum)
rotundus *20*	rund

rumpere 29	1. (zer)brechen 2. zerreißen
rūrsus 14	1. wieder 2. rückwärts
rūs *34(b)*	Land
rūs (Akk.) *2*	aufs Land
sacer 13	1. heilig 2. verflucht
sacerdōs 21	Priester
sacrificāre *8*	opfern
saeculum 27	Jahrhundert; Zeitalter
saepe 1	oft
saevitia *25*	Wildheit
saevus 15	wild
sagitta *27*	Pfeil
salīre *19*	springen
salūs 19	1. Wohlergehen 2. Heil
salūtem dīcere *5*	grüßen
salūtāre 2	(be)grüßen
salvē 10	sei gegrüßt!; guten Tag!
salvus 14	gesund; wohlbehalten
sānāre 33	heilen
sānctus 12	heilig
sapiēns 32	klug; weise
sapientia 22	Weisheit
satietās *19*	Sättigung; Überdruß
satis 23	genug
saxum 30	Felsen; Stein
scāla *28*	Leiter
scelus *15*	Verbrechen
scelus committere *15*	ein Verbrechen begehen
schola 12	Schule
scīre 5	wissen
scrībere 33	schreiben
scūtum *5*	der Schild
sē 15	sich
sē cōnferre 35	sich begeben
sē reficere *21*	sich erholen
sēcum 20	mit sich
secundus *4*	1. der folgende; der zweite 2. günstig
sēcūrus *17*	sorglos; sicher
sed 2	aber; sondern

sedēre 7	sitzen
sēdēs 24	Sitz; Wohnsitz
sēditiō *4*	Aufstand
semel *18*	einmal
semper 3	immer
senātor 8	Senator
senātus 24	Senat
senex *6*	1. alter Mann 2. alt
sententia 21	Meinung
sentīre *10*	1. fühlen; merken 2. meinen
sepelīre *12*	bestatten
septem 23	sieben
septimus 19	der siebte
septuāgēsimus *4*	der siebzigste
sepulcrum *27*	Grab
sequī *11*	begleiten; folgen
fidem sequī 3	Schutz suchen
sermō *18*	Gespräch; Rede; Sprache
servāre 11	retten; bewahren
servīre 23	dienen; Sklave sein
servitūs 19	Knechtschaft; Sklaverei
servus 1	Sklave
sescentēsimus *20*	der sechshundertste
sevēritās *13*	Strenge
sevērus 4	streng
sexāgēsimus *6*	der sechzigste
sextus *12*	der sechste
sī 17	wenn; falls
sibi 19	sich
sīc *2*	so
sīcut *3*	ebenso wie
sīgnificāre *31(b)*	anzeigen
sīgnum 24	Zeichen
silentium *21*	Schweigen; Stille
similis *15*	ähnlich
silva 3	Wald
simplex *19*	einfach
simul *16*	zugleich
simulāre *10*	so tun, als ob; vorgeben; heucheln
sīn 33	wenn aber
sine 14	ohne
sinere 5	lassen; zulassen

singulī (Pl.) *35(b)*	einzeln; je einer
sinister 24	der linke
sinus 34	Bucht
situs 12	gelegen; liegend
sīve ... sīve *10*	1. entweder ... oder 2. sei es, daß ... sei es, daß
socius 14	Bundesgenosse; Kamerad
sōl *9*	Sonne
solēre 34; *14*	pflegen; gewöhnlich (tun)
sōlitūdō *6*	Einsamkeit
solitus *15*	gewohnt
sōlus *11*	allein
solvere 12	1. lösen 2. zahlen
somnium *1*	Traum
somnus 30	Schlaf
sonāre *17*	tönen
soror 10	Schwester
sors *17*	Los; Schicksal
spatium 31	Strecke; Raum
speciēs 31	1. Aussehen 2. Gestalt
spectāculum *5*	Schauspiel
spectāre 3	betrachten; schauen
spectātor 7	Zuschauer
spērāre 29	hoffen
spēs 1	Hoffnung
spīritus *28*	Hauch; Atem; Geist
stabulum 22	Stall
stāre 13	stehen
statim 3	sofort
statua 23	Statue; Standbild
statuere *30(b)*	aufstellen; festsetzen; beschließen
stipendium *13*	Sold; Kriegsdienst
stipendia merēre *17*	Kriegsdienste leisten; dienen
studēre *2*	sich bemühen; sich widmen
studium 23	Eifer; Beschäftigung
stultus 13	dumm
suādēre *29*	raten; empfehlen
sub (m. Abl.) 7	unter (wo?)
sub īnfimō monte *20*	am Fuße des Berges

sub vesperum 6	am Abend
subicere *4*	unterwerfen
subīre *34(b)*	auf sich nehmen; herangehen
subitō 4	plötzlich
subsidium *33(a)*	Hilfe; Reserve
subvenīre *33(a)*	zu Hilfe kommen
succurrere *33(a); 33(b)*	zu Hilfe eilen
sufficere *28*	ausreichen
suī 29	die Seinigen; seine Leute
summus 19; *20*	oberster; höchster
sūmere *7*	nehmen
super 34	über; über ... hinaus
superāre 13	überwinden; besiegen
superbia 19	Übermut
superbus *10*	hochmütig; stolz
superior 5; *20*	1. der obere; der höhere 2. der frühere 3. der überlegene
supplicium *23*	Todesstrafe; Hinrichtung
suprā (m. Akk.) *1*	oberhalb; über ... hinaus
suprā (Adv.) *20*	oberhalb
suprēmus *20*	der oberste
surgere 6; *28*	aufstehen; sich erheben
suscipere 29	unternehmen; auf sich nehmen
suspīciō *34(a)*	Verdacht
sustinēre *30(b)*	aushalten
suus 10	sein; ihr
suī 29	die Seinigen; seine Leute
tabella 9	1. Tafel 2. Liste
taberna 13	Gasthaus; Schenke
tabula 12	Tafel; Karte
tacēre 16	schweigen
tacitus *5*	schweigend

tālis *15*	so beschaffen; solch ein
tam 8	so
tamen 7	dennoch
tamquam 35	wie; als ob
tandem 4	endlich; schließlich
tangere 25	berühren
tantopere *1*	so sehr
tantus 31	so groß
tantum 9	nur
tardus *34(b)*	langsam
taurus *23*	Stier
tēctum 34	Dach; Haus
tegere *20*	decken; bedecken
tēla (Pl.) *12*	Geschosse; Waffen
templum 18	Tempel
temptāre 30	versuchen
tempus 18	Zeit
tendere 31	spannen
tenēre 22	halten
terra 12	Land; Erde
terrēre 2	erschrecken
terror 10	Schrecken
tertius 20	der dritte
testimōnium *35(a)*	Zeugnis; Beweis
theātrum 18	Theater
timēre 2	fürchten; sich fürchten
timidus 25	ängstlich
timor 7	Furcht
toga 13	Toga (Obergewand)
tolerāre 31	ertragen
tollere 35	1. aufheben; erheben 2. beseitigen
tormentum *13*	Winde; Folter; Geschütz
tōtus 3	ganz
trādere 29	1. übergeben 2. überliefern
trahere 4; *15*	ziehen; schleppen
trāicere *20*	1. übersetzen 2. durchbohren
tranquillus *24*	ruhig
trāns 18	jenseits; über ... hinaus
trānsferre *21*	hinübertragen; übertragen
trānsilīre *24*	hinüberspringen
trānsīre *2*	1. überschreiten; hinübergehen 2. vorübergehen

trānsportāre 26	befördern
trepidāre 34	zittern; ängstlich sein
trēs 31	drei
tribuere *7*	zuteilen
trīduum *31(b)*	Zeitraum von drei Tagen; drei Tage
triennium *21*	Zeitraum von drei Jahren; drei Jahre
trīgintā *31(b)*	dreißig
trīstis *14*	traurig
trīstitia *25*	Traurigkeit
triumphātor *10*	Triumphator
triumphus 13	Triumphzug
tū 8	du
tuba 9	Trompete
tum 2	dann; darauf; damals
tumultus *34(b)*	Lärm; Aufruhr
tumulus 4	Hügel
turbulentus *31(b)*	stürmisch
turpis *17*	häßlich; schändlich
turris 24	Turm
tūtus 28	sicher
tuus 12	dein
tyrannus *23*	Tyrann (Alleinherrscher, der nicht durch Erbfolge an die Macht gekommen ist)
ubī? 7	wo?
ubī 17	sobald
ubi prīmum 32	sobald
ubīque *15*	überall
ulcīscī *19*	1. rächen 2. sich rächen an
ūllus *1*	irgendein; ein
ulterior *20*	der jenseitige
ultimus 19; *20*	1. der letzte 2. der äußerste
ultrā *20*	jenseits
umbra 7	Schatten
umquam *9*	jemals
ūnā 27	zusammen
unde? 7	woher?
ūndecimus *34(a)*; *33(b)*	der elfte
ūndēvīcēsimus *12*	der neunzehnte
undique *10*	von allen Seiten; auf allen Seiten
ūniversus 32; *33(a)*	gesamt; allgemein; Pl.: alle
ūnus 3	ein; ein einziger
ad ūnum omnēs *24*	alle ohne Ausnahme
ūnusquisque *28*	ein jeder; jeder einzelne
urbs 24	Stadt
ūsque ad *13*	bis zu
ūsus 26	1. Gebrauch 2. Nutzen 3. Erfahrung
ūsuī esse *18*	Nutzen bringen; nützlich sein
ut (m. Ind.) 17	wie
ut (m. Ind. Perf.) *34(b)*	sobald
ut (m. Konj.) 25; *1*	1. daß; damit 2. so daß
uter *7*	welcher (von beiden)
uterque *5*	jeder von beiden; beide
ūtī *12*	gebrauchen; benutzen
ūtilis 33; *3*	nützlich
ūtilitās *3*	Nutzen
utinam 23	wenn doch; hoffentlich
utrum … an *3*	im HS: - … oder im GS: ob … oder
uxor 11	Gattin
vacuus 16	leer
vae 14	wehe!
vagārī *12*	umherschweifen
valdē 3	sehr
valēre *6*	gesund sein; stark sein; vermögen
valē! 34	lebe wohl!
valētūdō *31(a)*	Gesundheit
validus *12*	stark
vallis *8*	Tal
vallum *30(a)*	Wall
varius *2*	verschieden; bunt; mannigfaltig
vās 26	Gefäß
vāstāre 21	verwüsten

vehemēns *17*	heftig
vehī *34(b)*	fahren; reiten
vel 9	oder; oder auch
velle *9*	wollen
vēnārī *12*	jagen
vēnātor 6	Jäger
vēndere *7*	verkaufen
venīre 1	kommen
venter *10*	Bauch
ventus 30	Wind; Sturm
verbera (Pl.) *6*	Schläge; Hiebe
verberāre *3*	prügeln; schlagen
verbum 21	Wort
verērī *11*	sich scheuen; verehren; fürchten
vēritās *13*	Wahrheit
versāre (m. Akk.) *33(a)*	sein Spiel treiben (mit)
versārī *11*	sich aufhalten
vertere *4*	wenden
vērus 35	wahr
vērē 26	wahrhaft; echt
vērō *26*	wirklich; vollends; aber
rē vērā *33(b)*	tatsächlich
vesper 6	Abend
sub vesperum 6	am Abend
vespertīnus 5	abendlich; Abend-
vester 10	euer
vestīgium *20*	Spur
vestīmentum *32(b)*	Kleidungsstück
vestīre *20*	bekleiden
vestis 26	Kleid; Bekleidung
vetāre 5	verbieten
vexāre 9	quälen; bedrängen
via 4	Weg
viātor 35	Wanderer
vīcīnus 8	benachbart; Nachbar
victor 1	Sieger
victōria 10	Sieg
vīcus 4	Dorf
vidēre 2	sehen
vidērī 31	scheinen; erscheinen
vīgintī *1*	zwanzig
vīlis *11*	billig
vīlla 2	Landhaus
vincere 1	siegen
vincīre *27*	fesseln
vinculum *3*	Fessel; Band
vīnum 25	Wein
vir 8	Mann
virga 22	Stab
virgō *17*	Jungfrau
virtūs 20	1. Tapferkeit 2. Tüchtigkeit
vīs 30	1. Kraft 2. Gewalt
vīsitāre 3	besuchen
vīta 14	Leben
vituperāre 2	tadeln
vīvere 11	leben
vīvus *23*	lebendig
vix *21*	kaum
vocāre 1	rufen; nennen
volāre 2	fliegen
vōs 8	ihr
vōx 19	1. Stimme 2. Wort
vulgus *35(b)*	Menge; Volk
vulnerāre 14	verwunden
vulnus *1*	Wunde
vulpēcula 15	Fuchs
vultus *9*	Gesicht; Miene

Abbildungsnachweis

S. 11: L. von Matt / S. 14: Dr. Steinicke / S. 17: Landesmuseum Trier / S. 20: Staatl. Landesbildstelle Saarland / S. 22: F.lli Alinari / S. 24: Interfoto-Pressebild-Agentur F. Rauch / S. 27: Staatl. Landesbildstelle Saarland / S. 30: Dr. E. M. Ruprechtsberger, Linz / S. 33: Archiv Gerstenberg / S. 37: The Metropolitan Museum of Art, New York / S. 38: mit freundlicher Genehmigung des Verlags Grundlagen und Praxis. Aus: B. Harms, Auguren, Ahnen, Aquädukte, Leer [3]1986 / S. 40: Archiv Gerstenberg / S. 44: P. Frese, München / S. 46: Rheinisches Landesmuseum Bonn / S. 50: Kunsthistorisches Museum Wien / S. 53: Bibliotheek der Rijskuniversiteit Leiden / S. 54: mit freundlicher Genehmigung des Harald Boldt Verlags. Aus: F.-J. Heyen, Kaiser Heinrichs Romfahrt, Boppard am Rhein 1965 / S. 57: Scala, Florenz / S. 61: Office du Livre, Fribourg (Foto: A. Buchet) / S. 63: Westf. Landesmuseum f. Kunst u. Kulturgeschichte Münster (Leihgabe des Westfälischen Kunstvereins) / S. 65: F.lli Alinari / S. 71: Bildarchiv Foto Marburg / S. 73: Cambridge University Collection / S. 78: DAI Athen / S. 80: mit freundlicher Genehmigung des Verlags Philipp von Zabern. Aus: Führer durch die Antikenabteilung des Martin Wagner-Museums der Universität Würzburg, Mainz 1969 / S. 81: Staatliche Museen Preußischer Kulturbesitz, Berlin/West (Foto: I. Geske) / S. 85: freundlicherweise von Dr. Böhringer zur Verfügung gestellt / S. 88: Prähistorische Staatssammlung München (Foto: M. Eberlein) / S. 91: Aus: H. Plischke, Christoph Kolumbus, Die Entdeckung Amerikas, Leipzig 1926 / S. 97: Burckhardthaus-Laetare Verlag / S. 99: Österreichische Nationalbibliothek, Wien / S. 100: Bildarchiv Foto Marburg / S. 104: Ludwig-Maximilians-Universität München / S. 109: Bildarchiv Foto Marburg / S. 115: F.lli Alinari.

Hier nicht aufgeführte Abbildungen stammen aus dem Verlagsarchiv oder wurden eigens für diese Ausgabe gezeichnet.

Gallia Cisalpina
Comum
Mediolanum
Verona
Aquileia
Patavium
Cremona
Placentia
Padus
Dravus
Savus
Liguria
Genua
Bononia
Ravenna
Via Aemilia
Ariminum
Via Aurelia
Italia
Umbria
Pisae
Clusium
Tiberis
Picenum
Etruria
Via Flaminia
Sabini
Corsica
ROMA
Tusculum
Ostia
Alba Longa
Samnium
Lavinium
Via Latina
Via Appia
Latium
Cannae
Capua
Campania
Apulia
Cumae
Vesuvius
Neapolis
Herculaneum
Pompei
Capreae
Paestum
Tarentum
Lucania
Sardinia
Mare Tyrrhenum
Mare Adriaticum
Bruttium
Messana
Rhegium
Segesta
Lilybaeum
Aetna
Sicilia
Agrigentum
Syracusae
Utica
Carthago
Zama
Africa
Hadrumetum
Mare Int

Italia e